Zu Bethlehem geboren,
oder: S Gliche wie in jedem Johr?

OTMAR SCHNURR

ZU BETHLEHEM GEBOREN,
ODER:
S GLICHE WIE IN JEDEM JOHR?

– EIN BUCH ZUR ADVENTS- UND WEIHNACHTSZEIT –

ACHERTÄLER DRUCKEREI

IMPRESSUM

Gestaltung + Druck
Achertäler Druckerei Kappelrodeck

Titel
Reinhard Lorenz, Achern

Fotos
Peter Jülg, Kappelrodeck
Rudolf Frietsch, Achern-Wagshurst: Seite 10, 74, 88, 92, 108
Roland Spether, Sasbach: Seite 40, 64, 67

© by Achertäler Druckerei GmbH & Co. KG, Kappelrodeck

2007

ISBN 978-3-939538-12-7

VORWORT

Selbstverständlich gibt es eine Menge Bücher zum Advent und zu Weihnachten,
Bücher mit Liedern, Rezepten, Geschichten und auch besinnlichen Texten.
Ich kenne einige dieser schönen und mit großem Aufwand gemachten Bücher,
aber ich hatte immer eine andere Vorstellung, wie ein solches Buch auszusehen
hätte.

Das ließ, wie man so schön sagt, nach und nach die Idee in mir reifen, selber
ein Advents- und Weihnachtsbuch zu machen. Ich erinnerte mich, dass
ich in den vergangenen Jahren in Büchern und Zeitungen Texte veröffentlicht
hatte, die etwas mit Advent und Weihnachten zu tun hatten.

Also machte ich mich daran, diese Texte zusammenzusuchen, was recht
mühsam war, da sie sich an den unterschiedlichsten Orten befanden,
oder anders gesagt: weil in meinem Büro seit Jahren eine heillose Unordnung
herrscht. Aber schließlich wurde ich fündig. Als ich nach langer Zeit meine
Texte wieder las, fand ich nicht alle gut. Die ich nicht gut fand, sortierte ich aus.
Manche Texte, die mir immer noch gut gefielen, habe ich so gelassen, wie sie
waren, andere habe ich überarbeitet, manche umgeschrieben und einige habe ich
für dieses Buch eigens neu verfasst.

Dieses kleine Buch enthält Theologisches, Erinnerungen an religiöses Brauchtum,
Nachdenkliches, Lustiges, Trauriges, Historisches, Hochdeutsches und
Mundartliches. Ich hoffe, dass es viele Leser findet, die mit Freude darin lesen,
und das nicht nur zur Advents- und Weihnachtszeit. Jetzt, da ich das Vorwort
schreibe, ist Juni, und es ist ein eigenartiges Gefühl, sich mitten im Sommer
mit einem Buch zur Advents- und Weihnachtszeit zu beschäftigen. Aber wenn
ich auf das Datum des heutigen Tages schaue, stelle ich fest: In einem halben
Jahr ist Weihnachten.

Ottenhöfen, den 24. Juni 2007

OTMAR SCHNURR

INHALT

Wir sagen euch an den lieben Advent.
Sehet, die erste Kerze brennt.
Wir sagen euch an eine heilige Zeit,
machet dem Herrn die Wege bereit.

Wir sagen euch an den lieben Advent.
Sehet, die zweite Kerze brennt.
So nehmet euch eins um das andere an,
wie auch der Herr an uns getan.

Wir sagen euch an den lieben Advent.
Sehet, die dritte Kerze brennt.
Nun tragt eurer Güte hellen Schein
weit in die dunkle Welt hinein.

Wir sagen euch an den lieben Advent.
Sehet, die vierte Kerze brennt.
Gott selber wird kommen, er zögert nicht.
Auf, auf, ihr Herzen, und werdet licht.

Freut euch, ihr Christen, freuet euch sehr,
schon ist nahe der Herr.

Maria Ferschl

1 SCHON IST NAHE DER HERR

Wandmalerei aus der Geburtskirche in Bethlehem

Im sechsten Monat wurde der Engel Gabriel von Gott in eine Stadt in Galiläa namens Nazaret zu einer Jungfrau gesandt. Sie war mit einem Mann namens Josef verlobt, der aus dem Hause David stammte. Der Name der Jungfrau war Maria. Der Engel trat bei ihr ein und sagte: Sei gegrüßt, du Begnadete, der Herr ist mit dir. Sie erschrak über die Anrede und überlegte, was dieser Gruß zu bedeuten habe. Da sagte der Engel zu ihr: Fürchte dich nicht, Maria; denn du hast bei Gott Gnade gefunden. Du wirst ein Kind empfangen, einen Sohn wirst du gebären: dem sollst du den Namen Jesus geben. Er wird groß sein und Sohn des Höchsten genannt werden. Gott, der Herr, wird ihm den Thron seines Vaters David geben. Er wird über das Haus Jakob in Ewigkeit herrschen, und seine Herrschaft wird kein Ende haben.

Maria sagte zu dem Engel: Wie soll das geschehen, da ich keinen Mann erkenne? Der Engel antwortete ihr: Der Heilige Geist wird über dich kommen, und die Kraft des Höchsten wird dich überschatten. Deshalb wird auch das Kind heilig und Sohn Gottes genannt werden. Auch Elisabeth, deine Verwandte, hat noch in ihrem Alter einen Sohn empfangen; obwohl sie als unfruchtbar galt, ist sie jetzt schon im sechsten Monat. Denn für Gott ist nichts unmöglich.

Da sagte Maria: Ich bin die Magd des Herrn; mir geschehe, wie du es gesagt hast. Danach verließ sie der Engel.

Lukas 1, 26-38

Zur Erinnerung: MARIÄ VERKÜNDIGUNG UND DAS ANGELUS-LÄUTEN

Wer wie ich in einem Dorf im Schwarzwald lebt, der weiß (vielleicht noch), dass jeden Tag morgens, mittags und gegen Abend eine Kirchenglocke läutet. Aber von denen, die es noch wissen, wissen viele nicht mehr, warum geläutet wird. Übrigens: Noch wird geläutet, aber auch in Schwarzwalddörfern wächst die Zahl derer, die das Läuten der Glocken als Lärmbelästigung betrachten, was in einzelnen Fällen bereits dazu geführt hat, dass man das Angelus-Läuten abgeschafft hat, um den Seelenfrieden der Empfindsamen nicht zu stören.

Der „Angelus" oder auf Deutsch „Der Engel des Herrn" ist ein Gebet der katholischen Kirche, zu dem morgens, mittags und abends eingeladen wird, und zwar in den meisten Gemeinden morgens um 6.00 Uhr, mittags um 12.00 Uhr und abends um 18.00 Uhr. Die Einladung zu diesem Gebet ist das Glockenläuten. Das Gebet selbst – sein Wortlaut ist inzwischen auch vielen Christen völlig unbekannt – beinhaltet die Betrachtung der Menschwerdung des Gottessohnes und nimmt Bezug auf den Verkündigungsdialog zwischen dem Erzengel Gabriel und Maria. Nach jedem der Betrachtungsworte wird ein „Ave Maria" (deutsch: ein „Gegrüßet seist du, Maria") gebetet. Da das Gebet in der lateinischen Sprache mit dem Satz „Angelus domini nuntiavit Mariae" beginnt, nennt man es „Angelus". In deutscher Sprache lautet der einleitende Satz „Der Engel des Herrn brachte Maria die Botschaft", deswegen wird das Gebet auch „Der Engel des Herrn" genannt.

Die heutige Form des dreimaligen Angelus-Gebetes hat sich nach und nach entwickelt, im 13. Jahrhundert wurde von den Franziskanern der Brauch übernommen, beim abendlichen Läuten zur Komplet, dem Nachtgebet der Kirche, Maria zu grüßen. Im 14. Jahrhundert führte man das Morgenläuten ein, man betete dabei für den Frieden. Im 16. Jahrhundert wurde schließlich das Mittagsläuten eingeführt, damals ein Gebet wegen der drohenden Türkengefahr.

Heute wird das dreimalige Läuten so gedeutet: Das Morgenläuten soll an die Auferstehung, das Mittagsläuten an den Leidensweg und das Abendläuten an die Menschwerdung Christi erinnern.

In der alemannischen Mundart nennt man übrigens das Angelus-Läuten „Bet-zit-lidde" (= Bet-Zeit-Läuten).

Der Engel des Herrn brachte Maria die Botschaft,
und sie empfing vom Heiligen Geist.

Gegrüßet seist du Maria, voll der Gnade, der Herr ist mit dir,
du bist gebenedeit unter den Frauen,
und gebenedeit ist die Frucht deines Leibes, Jesus.
Heilige Maria, Mutter Gottes, bitte für uns Sünder
jetzt und in der Stunde unseres Todes. Amen.

Maria sprach: Siehe, ich bin die Magd des Herrn;
mir geschehe nach deinem Wort.

Gegrüßet seist du, Maria ...

Und das Wort ist Fleisch geworden und hat unter uns gewohnt.

Gegrüßet seist du, Maria ...

Bitte für uns, heilige Gottesmutter,
auf dass wir würdig werden der Verheißungen Christi.

Lasset uns beten. Allmächtiger Gott, gieße deine Gnade in unsere
Herzen ein. Durch die Botschaft des Engels haben wir die
Menschwerdung Christi, deines Sohnes, erkannt. Lass uns durch
sein Leiden und Kreuz zur Herrlichkeit der Auferstehung gelangen.
Darum bitten wir durch Christus unsern Herrn. Amen.

Während der Osterzeit, also zwischen Ostersonntag und Pfingsten, wird statt des „Angelus" das Gebet „Regina coeli" gesprochen, das mit dem Satz beginnt: „Freu dich, du Himmelskönigin, alleluja" (lateinisch: „*Regina coeli* laetare, alleluja"). Auch dieses Gebet steht inhaltlich in Verbindung mit der biblischen Verkündigungsszene aus dem Lukasevangelium.

Für viele Menschen früherer Zeiten, als die Kirchturmuhr noch angab, was die Stunde geschlagen hatte, gliederte das dreimalige Angelus-Läuten den Arbeitstag.

SAG' MIR, WELCHES LIED DU SINGST

Auf den Geldscheinen der Bundesrepublik Deutschland war früher, zu DM-Zeiten, die Warnung zu lesen, dass jeder bestraft wird, der Geldscheine nachmacht oder nachgemachte Geldscheine in den Verkehr bringt. Fälscher wurden damit ausdrücklich gewarnt. Doch gefälscht wird immer noch, Fälscher sind immer noch am Werk, aber aktiv sind nicht nur die Geldfälscher. Vor allem in der Zeit vor Weihnachten, in der Adventszeit, sind Fälscherbanden unterwegs.

Die Adventszeit ist ja im ursprünglichen Sinne eine Zeit der Erwartung und Freude, der Besinnung und Umkehr. Weihnachten ist ein Fest der Christen, an dem sie ihrer Freude Ausdruck verleihen, dass Gott in Jesus Christus den Menschen nahe gekommen ist, dass in Jesus Christus Gottes Liebe unter den Menschen sichtbar, spürbar, ja leibhaftig geworden ist. Gott ist Mensch geworden. So verstehen gläubige Christen Weihnachten. Was aber begegnet uns in der Zeit vor Weihnachten?

Die Botschaft des Weihnachtsfestes und die christlichen Symbole sind fest in den Händen der Fälscherbanden. Wenn eine Schokoladenfabrik nicht nur Nikoläuse herstellt, sondern auch eine weibliche Form des Nikolauses, nämlich eine Nikola, dann werde ich zornig. Wer auf eine solche Idee kommt, der hat nichts begriffen, von dem muss man annehmen, dass er hohl ist wie die von ihm produzierten Figuren.

Wenn in der Fernsehwerbung ein Engel gezeigt wird, der vom Einkaufen kommt, sich auf einer Wolke niederlässt, um dann den soeben gekauften Weichkäse zu essen, dann werde ich zornig. Ich vermute, dass das Hirn dessen, der diese Idee kreierte, die Konsistenz eines Weichkäses besitzt.

Wenn ich in den Kaufhäusern schon Mitte November von Weihnachtsliedern berieselt werde, dann werde ich zornig. Denn da wird im wahrsten Sinne des Wortes die christliche Botschaft vergeigt. Wenn irgendein Schlagersänger oder ein volkstümlicher Musikant in bayerischer oder anderer Tracht eine Miene der Innigkeit wie eine Maske aufsetzt und von Bethlehem und dem Frieden der Welt seufzt, dann muss man zornig werden.

Wenn heute viele jammern, sie hätten keine adventliche oder weihnachtliche Stimmung, das Gefühl für diese Zeit sei nur noch schwach, nur noch mager, dann liegt das daran, dass zuvor schon zu viele abgesahnt haben. Mit Gefühl und

Stimmung hat diese Zeit auch nur in zweiter Linie zu tun. Das einzige, was bei vielen Menschen in dieser Zeit noch glüht, ist der Glühwein auf einem der vielen Weihnachtsmärkte.

In der Advents- und Weihnachtszeit spielt das Original kaum mehr eine Rolle, es werden wertlose Imitate feilgeboten. Ich plädiere dafür, obwohl ich weiß, dass mein Plädoyer keine Chance hat, dass die Christen, dass die christlichen Kirchen ihr Urheberrecht auf die Advents- und Weihnachtszeit, auf die Weihnachtsbotschaft und die Weihnachtssymbole einklagen. Man sollte den Fälscherbanden das Handwerk legen, man sollte Fälschungen entlarven, indem man sie mit den Originalen konfrontiert. Es darf einfach nicht sein, dass Imitate als Originale ausgegeben werden. Die Christen sollten ihr Fest zurückfordern.

Ein Problem könnte allerdings auftauchen: Es wäre ja möglich, dass unter den Christen nicht wenige sind, die zwischen Original und Fälschung selbst nicht mehr unterscheiden können.

„WER BANKNOTEN NACHMACHT
ODER VERFÄLSCHT
ODER NACHGEMACHTE ODER VERFÄLSCHTE
SICH VERSCHAFFT
UND IN VERKEHR BRINGT,
WIRD MIT FREIHEITSSTRAFE
NICHT UNTER ZWEI JAHREN
BESTRAFT"

ADVENT = ANKUNFT

Advent ist ein Wort, das aus dem Lateinischen stammt und übersetzt „Ankunft"
heißt. Die Adventszeit ist also die Zeit der Erwartung einer Ankunft. Die Christen
bereiten sich in diesen Tagen auf die Feier der Geburt Jesu vor, auf den Beginn
des Erlösungswerkes Gottes, der der Welt seinen Sohn schenkt.

Im 5. Jahrhundert, so konstatieren Kirchenhistoriker, wurde erstmals Advent gefeiert, allerdings nur in einem eng begrenzten Gebiet, nämlich im Gebiet um die
Stadt Ravenna in Italien. Ein Jahrhundert später findet man in Rom eine Liturgie
des Advents, sie wurde grundgelegt durch Papst Gregor den Großen. Er war es
auch, der vier Adventssonntage festlegte. Die Zahl vier, so wird gesagt, stehe
symbolisch für die 4000 Jahre, die die Menschheit nach kirchlicher Rechnung auf
den Messias warten müsste.

Mit der Adventszeit beginnen das Kirchenjahr und der Weihnachtsfestkreis.

ADVENTSKRANZ

Der Brauch, auf einem Kranz von immergrünen Zweigen von Sonntag zu Sonntag
eine weitere Kerze anzuzünden, ist Sinnbild für etwas, das im Werden begriffen
ist. Im Übrigen war es schon in vorchristlicher Zeit eine alte Wintersitte, sich von
grünen Kränzen, aber auch von Kränzen aus Stroh Segen zu erhoffen. Mit goldenen und roten Bändern umwickelt sollten sie böse Geister vertreiben. Der
Adventskranz ist damit in gewisser Weise mit dem Ringzauber verwandt, der
Gutes bringen und Böses abwehren sollte.

Der Adventskranz unserer Tage ist die Erfindung des Hamburger Pastors Johann
Hinrich Wichern, der in der Mitte des 19. Jahrhunderts ein Waisenhaus gründete.
In der Adventszeit versammelte er jeden Abend die Kinder zum gemeinsamen
Beten und zum Erzählen. Nun hatte ein Freund des Pastors die Idee, einen Holz-
reifen herzustellen und mit Tannengrün zu umwickeln. Am 1. Dezember stellte
Wichern dann eine brennende Kerze auf den Kranz, und jeden Tag kam eine neue
Kerze dazu, an den Werktagen waren es kleine Kerzen, an den Sonntagen große.
Später wurde der Brauch auf die großen Sonntagskerzen reduziert. Nach und
nach breitete sich dieser Brauch im deutschen Sprachraum aus.

Der Prophet Jesaja spricht von der Wurzel Jesse, einem abgestorbenen Baumstumpf, aus dem ein neuer Zweig hervorbrach und zur Blüte kam. Unter Berufung auf diese Jesaja-Stelle gibt es auch die Sitte, an Stelle eines Adventskranzes eine Baum-wurzel aufzustellen und diese mit einer Blüte und vier Kerzen zu schmücken.

ADVENTSKALENDER

Der Ursprung dieses Brauches, sagen die Brauchtumsforscher, sei nicht mehr genau festzustellen. Einst, so wird berichtet, wurden in manchen Familien im Dezember nach und nach 24 Bilder an die Wand gehängt. Auch soll es den Brauch gegeben haben, an die Wand oder an die Türe 24 Kreidestriche zu machen, von denen die Kinder täglich einen wegwischen durften. Ferner gab es den Brauch, jeden Tag bis hin zum Heiligen Abend einen Strohhalm in die Krippe zu legen, damit das neugeborene Kind in der Krippe nicht auf hartem Untergrund liegen müsse.

Der erste gedruckte Adventskalender geht zurück auf den schwäbischen Pfarrersohn Gerhard Lang. Im Jahre 1908 verließ der erste, noch fensterlose Adventskalender die Druckpresse der lithographischen Anstalt Reinhold & Lang in München. Er bestand aus zwei Blättern, auf dem einen Blatt waren die Zahlen von 1 bis 24 aufgedruckt, auf dem anderen Blatt 24 Bilder von Engeln. Jeden Tag wurde ein Engel ausgeschnitten und auf eine Zahl geklebt.

Später, in den dreißiger Jahren des 20. Jahrhunderts, stanzte Lang kleine Fenster in das Blatt mit den Zahlen und klebte den Bilderbogen dahinter, und damit waren die Türchen des Adventskalenders erfunden. Mittlerweile sind die ehemals christlichen Motive, die sich zu Anfang hinter den Fenstern verbargen, sehr in den Hintergrund getreten. In der Zeit des Dritten Reiches hatte man schon die christlichen Motive durch Märchenfiguren ersetzt, und heute gibt es Advents-kalender, hinter deren Türchen sich alles Mögliche verbirgt, aber nichts, das mit Advent im ursprünglichen Sinn zu tun hat.

Echtes religiöses Brauchtum ist der Dialekt der Gläubigen, die sich in der Schrift-sprache nicht ausdrücken können oder nicht ausdrücken wollen.

WARTEN – WORAUF?
ERWARTEN – ABER WAS?

Ich muss gestehen, dass ich am frühen Morgen meistens etwas allergisch reagiere, wenn ich im Radio das „Wort in den Tag" höre. Vor einigen Tagen sprach einer in diesem „Wort in den Tag" davon, dass Menschen in einem ständigen Advent leben würden, in ständiger Erwartung. Eine solche Aussage klingt zweifelsohne gut, aber was ist, wenn man eine solche Aussage auf ihren Wahrheitsgehalt hin untersucht? Oder wird so etwas einfach behauptet, in den Raum gestellt als eine Art theologischer Wunschtraum?

Wenn wir Menschen in einem ständigen Advent leben, worauf warten wir dann, was erwarten wir? Wir alle kennen die kleinen Advente unseres Lebens, wir warten bei der Arbeit auf den Feierabend, wir warten während der Woche auf das Wochenende, wir warten sehnsüchtig auf den Urlaub. Wir haben das Gefühl, am Feierabend, am Wochenende oder im Urlaub eher wir selbst sein zu können als sonst. Es ist die Hoffnung auf eine kleine Erlösung, eine Erlösung von den Alltagspflichten, von Verpflichtungen aller Art. Es ist der Wunsch, endlich einmal die andere Seite unseres Menschseins entfalten zu können, die ansonsten zu kurz kommt.

Was aber ist mit dem großen Advent, mit der Erwartung des Messias, des Erlösers? Im Evangelium heißt es an einer Stelle: „Das Volk war in Erwartung". Gemeint ist hier das Volk Israel, das sich einen Messias erhoffte, einen Erlöser, der es befreien würde aus einer Situation der Unterdrückung und der Unfreiheit. Aber gilt dieser Satz auch heute noch? Das Volk Gottes, das neue Israel, wir Christen, sind wir voller Erwartung? Warten wir auf Erlösung? Erlösung wovon?

Im Grunde kann ich nur auf Erlösung warten oder gar nach Erlösung schreien, wenn ich mir bewusst geworden bin, dass ich nicht frei bin. Und das ist das Fatale: Mir scheint, dass wir modernen Menschen uns in unserer Unfreiheit, in unseren Abhängigkeiten, so wohnlich eingerichtet haben, dass wir inzwischen die Unfreiheit mit der Freiheit verwechseln.

Doch immer wieder gibt es Menschen, die spüren, dass es doch mehr geben muss als das, was sie jeden Tag erfahren, erleben oder erleiden. Manchmal macht sich die Sehnsucht auf den Weg, um dieses Alltagsleben zu übersteigen, die Sehnsucht macht sich auf den Weg in eine andere Dimension. Vielleicht fällt es uns gar nicht auf, wenn sich die Sehnsucht auf den Weg macht. Wir leben im

Zeitalter der Süchte: der Sucht nach Ansehen, nach Reichtum, nach Vergnügen, nach Drogen aller Art. Überall finden sich die Fluchten ins Rauschhafte, um den Alltag zu übersteigen. Süchte sind Sehnsüchte, die in Sackgassen geraten sind.

Die Süchte unserer Zeit bringen Schein-Lösungen, Schein-Erlösungen. Süchte sind aber Indizien für die Sehnsucht. Sehnsucht wiederum ist ein lang gezogener Schrei nach Erlösung.

Es ist wohl doch so, dass wir Menschen im Advent leben, in der Erwartung der Erlösung, nur haben wir es noch nicht gemerkt. Die Adventszeit ist die Zeit, um unserer Sehnsucht auf die Spur zu kommen.

SCHLECHTE ZEITEN FÜR WUNDER

Weil der liebe Gott seit einiger Zeit von den unterschiedlichsten Menschen im Gebet mit der Bitte bestürmt wurde, doch wieder einmal ein Wunder zu wirken, um der Menschheit zu zeigen, dass noch mit ihm zu rechnen sei, entschloss er sich, den Bitten der Frommen zu entsprechen, obwohl er wusste, wohin das Ganze führen würde. Damit die modernen Menschen dieses aufgeklärten Jahrhunderts das Wunder auf keinen Fall würden übersehen können, entschloss sich der liebe Gott, nicht irgendein Wunder zu wirken, sondern ein besonderes Zeichen zu setzen. Mit Kleinigkeiten, das wusste er, waren die Menschen nicht zu beeindrucken, es musste etwas sein, das sie herausreißen würde aus dem Alltag, aus den allzu bekannten Geleisen menschlicher Erfahrungen.

Es war eine klare Sternennacht, als sich das Wunder ereignete. Und das, was geschah, war so unglaublich, wie Wunder eben sind. Die Sterne des Himmels verließen ihre Bahnen, wirbelten in einem kosmischen Tanz durch das All und gruppierten sich schließlich so, dass von der Erde aus das Wort „Friede" am Himmel zu lesen war. Jedes Volk der Erde konnte am Himmel das Wort „Friede" in seiner Sprache lesen. Das Sternenwunder dauerte eine Viertelstunde und versetzte die Welt in helle Aufregung. Die Rundfunk- und Fernsehprogramme wurden unterbrochen, um das Ereignis zu vermelden. Die Menschen starrten zum Himmel, die einen konnten ihren Blick nicht von dem Schauspiel abwenden, die anderen verbargen ängstlich ihr Gesicht in den Händen. Als die Sternenschrift sich wieder aufgelöst hatte und die Sterne auf ihre vorgeschriebenen Bahnen zurückgekehrt waren, rieben sich die Menschen verwundert die Augen. In jener Nacht sah man noch lange diskutierende Menschen auf der Straße stehen.

Am folgenden Tag meldeten die Sonderausgaben der Tageszeitungen, dass im ganzen Land der Verkehr zum Erliegen gekommen sei, dass aber wie durch ein Wunder keine Unfälle passiert seien, obwohl selbst auf den Autobahnen die Autofahrer angehalten hätten, um das Naturschauspiel zu betrachten. Die Fotos in den Zeitungen belegten nicht eindeutig, dass am Himmel das Wort „Friede" zu lesen gewesen war, denn die eigenartigen Lichtverhältnisse hatten die Bilder der Fotografen undeutlich werden lassen. Die Bevölkerung des Landes war in Unruhe, das Ereignis war in den Gesprächen der Menschen allgegenwärtig. Angesichts dieser Unruhe setzten die großen Fernsehanstalten gemeinsam eine Sondersendung an, in der Experten zu dem Phänomen Stellung nehmen würden. Die Expertenrunde setzte sich aus folgenden Kapazitäten zusammen: Ein hoch dekorierter Luftwaffengeneral, ein vielfach ausgezeichneter Astrophysiker, ein

Professor der Sozialpsychologie und ein leibhaftiger Bischof. Nach einem kurzen Bericht über die Ereignisse der vergangenen Nacht und einer Umfrage unter der Bevölkerung, die allerdings nicht repräsentativ sei, wie der Moderator bemerkte, gaben die vier Experten folgende Erklärungen ab:

Der Luftwaffengeneral dementierte zunächst, dass die Streitkräfte in Alarmbereitschaft versetzt worden seien. Dann berichtete er, dass sofort nach Eintreten des außerordentlichen Phänomens Aufklärungsflugzeuge aufgestiegen seien und diese Flugzeuge seien allesamt unbeschädigt zurückgekehrt, die Piloten hätten auch keine besonderen Navigationsstörungen gemeldet. Keines der Flugzeuge sei in Turbulenzen geraten und auch keines der Messinstrumente sei ausgefallen oder habe verrückt gespielt. Nach Rückkehr der Flugzeuge hätten sich sofort Spezialisten an die Auswertung der Filme gemacht. Noch seien nicht alle Filme ausgewertet, aber eines könne man mit Sicherheit jetzt schon sagen: Zu keiner Zeit hätte eine Bedrohung für Mensch und Natur bestanden, geschweige denn für die Erde insgesamt.

Der Astrophysiker erläuterte, dass es auch schon in der Vergangenheit einige Fälle ähnlicher Art gegeben habe, allerdings, das müsse er einräumen, seien sie insgesamt nicht so spektakulär gewesen wie der jetzt zur Diskussion anstehende Fall. Alle früheren Fälle hätten sich nach genauer wissenschaftlicher Erforschung auf natürliche Art erklären lassen. Wahrscheinlich handle es sich auch hier um einen Fall von Luftspiegelungen, bei denen etwas nicht wirklich sei, sondern dem Betrachter vorgegaukelt werde. Das Problem sei, dass auch der moderne Mensch dazu neige, sofort außerordentliche Mächte hinter einer solchen Erscheinung zu sehen. Und dann fügte er hinzu, dass in der vergangenen Nacht eine Wetterlage vorherrschend gewesen sei, die solche Phänomene begünstige.

Der Sozialpsychologe, ein sympathischer Mann mit einer warmen und einfühlsamen Stimme, erörterte anhand von Beispielen den Begriff „Massenhysterie". Den Psychologen sei dieses Phänomen einer kollektiven Hysterie schon lange bekannt, und seiner Meinung nach handle es sich bei dem so genannten Sternenwunder um ein Paradebeispiel von Massenhysterie. In einer Welt, in der die Technik und der Verstand triumphierten, sei es nicht verwunderlich, wenn Menschen für solche Dinge anfällig seien.

Als letzter in der Runde ergriff der Bischof das Wort und warnte nachdrücklich davor, das, was geschehen sei, als ein Wunder zu betrachten. Sich einen Gott

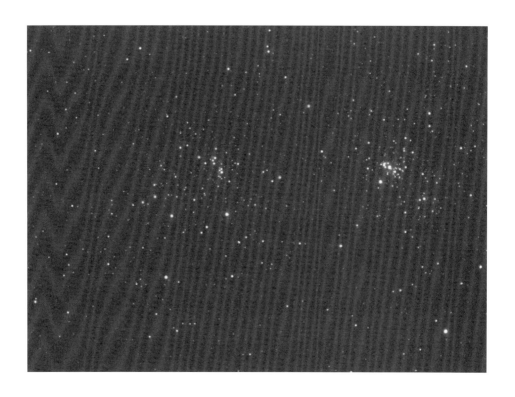

vorzustellen, der auf solch spektakuläre Art ein Wunder wirke, entspreche in keiner Weise dem christlichen Gottesbild. Gott handle ganz anders, er habe es nicht nötig, mit den Gestirnen am Firmament wie mit Murmeln zu spielen. Schon Jesus Christus habe die Wundersucht der Menschen gerügt und tadelnd gesagt: Dieses ungläubige Volk verlangt nach Zeichen und Wundern.

Während die Experten ihre Statements abgaben, lief immer wieder ein Schriftband über den Bildschirm, das die Telefonnummer angab, unter der interessierte Zuschauer bei den Sendeanstalten anrufen konnten, um ihre Meinung zu sagen und um Fragen zu stellen. Der erste Zuschauerbeitrag, den der Moderator im Anschluss an die Expertenrunde verlas, lautete: „Was muss denn noch geschehen, damit die Menschen endlich begreifen, dass Gott alle uns bekannten Gesetzmäßigkeiten außer Kraft setzen kann? Ein Gott, der seinen Sohn in die Welt gesandt hat, damit er den Menschen die Frohe Botschaft bringe, ist nun einmal unbegreiflich."

Der liebe Gott, der bis zu diesem Zeitpunkt die Diskussion verfolgt hatte, lächelte vor sich hin und wandte sich dann wichtigeren Dingen zu. Obwohl die Menschen seine Idee und sein Werk waren, brachten sie selbst ihn immer wieder zum Staunen. Was auch immer er tat, sie begriffen offensichtlich nichts; bis auf ein paar wenige, aber die wurden von der Mehrheit für ausgesprochen naiv gehalten. Aber zum Stall von Bethlehem waren ja auch nicht die Schriftgelehrten gekommen, sondern die Hirten, die nicht einmal lesen konnten.

Der liebe Gott wandte sich den an diesem Tag eingegangenen Bitten und Gebeten der Menschen zu, um sie zu beantworten. Die Bitten um Wunder schob er fürs erste beiseite. Im Moment schien nicht die Zeit für Wunder zu sein.

Wenn im Schlafzimmer unseres Herrn Bischofs
ein Wunder geschehen würde,
würde er alles unternehmen, um es geheim zu halten.
Bruce Marshall

Einst hast du, Herr, dein Land begnadet
und Jakobs Unglück gewendet,
hast deinem Volk die Schuld vergeben,
all seine Sünden zugedeckt,
hast zurückgezogen deinen ganzen Grimm
und deinen glühenden Zorn gedämpft.
Gott, unser Retter, richte uns wieder auf,
lass von deinem Unmut gegen uns ab!
Willst du uns ewig zürnen, soll dein Zorn
dauern von Geschlecht zu Geschlecht?
Willst du uns nicht wieder beleben,
so dass dein Volk sich an dir freuen kann?
Erweise uns, Herr, deine Huld
und gewähre uns dein Heil!
Ich will hören, was Gott redet:
Frieden verkündet der Herr seinem Volk
und seinen Frommen, den Menschen mit
redlichem Herzen.
Sein Heil ist denen nahe, die ihn fürchten.
Seine Herrlichkeit wohne in unserem Land.
Es begegnen einander Huld und Treue;
Gerechtigkeit und Frieden küssen sich.
Treue sprosst aus der Erde hervor;
Gerechtigkeit blickt vom Himmel hernieder.
Auch spendet der Herr dann Segen,
und unser Land gibt seinen Ertrag.
Gerechtigkeit geht vor ihm her,
und Heil folgt der Spur seiner Schritte.

Psalm 85

'S funktioniert schinbar nur bi ondere

Jetz, wo d Adventszit widder kommt, wurd´s deheim widder heimelig, wemer de Lit glauwe konn. Jetz hocke d Fomilje widder zemme un singe un schbiele un verzehle un schwätze mitnonder un mache Husmusik un sin wohnsinnig glücklich, wemer de Lit glauwe konn. Un jede Sundi wurd ä Kerzli mäh oozindet, un de Duft vun Donneries ziagt durch d Wuhnung, un ´s git nix Schiiner´s, wemer de Lit glauwe konn. Un in dere Zit, do brucht mer kei Fernsehe un kei Wideo un nix, sage d Lit.

Im ledschde Johr, wo´s Advent wore isch, hab´ ich des au mol erläwe welle, un jetz froog i mi, worum des bi alle ondere klappt un nur bi mir net. Bi uns deheim het eifach kei Schdimmung ufkomme welle, obwohl ich mir d gröschd Miah gäh hab. Om Somschdiobend vorem erschde Adventssundi het´s losgieh solle. Min Frau het gsait, sie miasst zerschd no d Kichi ufrumme, awer sie käm´, sobal sie ferdig wär´. Ich setz mich im Wohnzimmer ufs Sofa un ruef de Kinder. Die zwei komme un frooge, was los sei. Advent sei, sag ich. Advent sei jedes Johr, sage sie. Ich hätt´ beschlosse, sag ich, dass bi uns in de Fomilje in dem Johr de Advent gfeiert wäre däd. Ob ich des net au ällei mache kinnt, frooge sie.

So licht hab ich mich awer net us de Fassung bringe losse. Do sitze mol her on de Disch, hab i gsait. Die zwei gucke sich so komisch oo, awer sie sitze no. Advent, sag ich, isch ä Zit der Erwartung, un in de Erwartung vun Wihnaachde, wo des wirkliche Liacht in d Welt komme isch, dued mer im Advent jede Sundi ä Liachd mäh oozinde, dass es jede Sundi ä bissli heller wurd. Worum mer do Kerze nemme däd, sait de Suhn, mer kinnt doch im Wohnzimmer jede Sundi de Dimmer ä wenge ufdrille, no däd´s au heller wäre. Kerzeliachd isch awer ä lebendig´s Liachd, sag ich.

Uf jede Fall hab i no s erschde Liachd oozunde, un wo ich om Oozinde bin, sait min Dochder uf so ä schpöttischi Art: Advent, Advent, ein Lichtlein brennt. Un de Bue macht witer un sait: Und wenn das fünfte Lichtlein brennt, dann hast du Weihnachten verpennt. Dodurch hab i mi awer net ussem Konzept bringe losse. Also Kinder, sag ich, des lauft hit obend so: Zerschd lies ich euch ä Gschiichd vor, no singe mer ä Lied un no schbiele mer „Mensch, ärgere dich nicht". D Dochder rollt d Auge, wo ich des sag, un de Suhn sait, im Fernsehe däd ä Weschdern komme, un singe kinnte mer au no morge. Un usserdem däd des wahrschinlich komisch klinge, wenn mir drei singe däde. Er sei jo wege dauerndem Falschsinge ussem Schuelchor nusgflooge, sin Schweschder kinnt de Ton net halte, un ich, de Vadder, hätt´ ledschd Johr on Wihnaachde underm Krischd-baum bim „Schdille Naachd" alli drusbroocht. D einzig, wo in de Fomilje singe kinnt, sei d Mueder un die däd in de Kichi grad en Kueche backe, wil ihre iegfalle sei, dass ihr Schweschder morge uf Bsuech käm. Awer no bin i massif wore. Ich lies jetz die Adventsgschiichd vor, hab i gsait, no wurd gsunge un no wurd gschbielt. Des wär´ doch glacht, sag ich, wenn bi uns kei Adventsschdimmung ufkomme däd. Konnsch jo ä Polonäs mache, sait de Suhn, no hesch din Schdimmung. Noch ei Wort, hab i gsait, no wurd´s hit schu Wihnaachde, no long ich der nämlig eini, dass de Schdernli siehsch un d Engeli singe hörsch. Wahrschinlig hätt ich gar nix sage, sondern ihm glich eini longe solle.

Ich hab min Gschiichd vorgläse, d Dochder het gähnt un de Suhn het Wachsbölleli drillt un underm Disch sin Schweschder dredde. Des Lied „Wir sa-gen euch an den lieben Advent" hemer gar net gsunge, wil noch de Gschiichd war d Adventsfeier verbei, ich hab nämlich beide eini gschmiert. Sie hen net ä mol plärrt, un ich hab gmeint, ich hätt´ sie denoch dusse im Gong lache höre.

Worum het des jetz usgrechent bi mir net klappt un bi alle ondere klappt´s? Bi alle isch d Adventszit ä wunderschiini Zit, wemer de Lit glauwe konn.

MEHR ALS SCHALL UND RAUCH –
KLEINES NAMENS-LEXIKON

GABRIEL   Name aus dem Hebräischen, von „gabri´el" = Mann, Held Gottes. Gabriel zählt mit Michael, Raphael und Uriel zu den Erzengeln. Der Ausdruck Erzengel hat nichts mit Erz oder Eisen zu tun, er ist abgeleitet von Archangelos, was soviel wie „herrschender Engel" bedeutet. So gesehen stehen Erzengel in der Rangordnung der Himmlischen über den Engeln. Die Endsilbe -el bei hebräischen Namen bedeutet Gott.

MARIA   Biblischer Name, griechische und lateinische Form von hebräisch „mirjam"= Bitterkeit, Betrübnis, aber auch: widerstrebendes Wesen.

JOSEF   Biblischer Name zu hebräisch „joseph" = Gott gebe Vermehrung.

ELISABETH   Biblischer Name zu hebräisch „elischeba" = die Gott verehrt, die Gottgeweihte. Bei uns fand der Name Elisabeth Verbreitung durch die Gestalt der heiligen Elisabeth von Thüringen (13. Jahrhundert).

DAVID   Biblischer Name zu hebräisch „david, dawidh" = Geliebter, Liebender. Der Name David fand bei uns seit der Reformationszeit Verbreitung.

JAKOB   Biblischer Name zu hebräisch „jaqov" = Gott möge beschützen. Jakob ist einer der drei alttestamentlichen Patriarchen neben Abraham und Isaak.

ISRAEL   Biblischer Name von hebräisch „jisrael" = Gott möge sich als Herrscher erweisen, oder: Gott strahlt. Zweiter Name des Patriarchen Jakob. Durch die Umbenennung zu Israel ist Jakob zum Stammvater der Israeliten geworden, da seine Söhne als die Stammväter der zwölf Stämme Israels gelten.

Ihr Freunde Gottes allzugleich,
verherrlicht hoch im Himmelreich,
erfleht am Throne allezeit
uns Gnade und Barmherzigkeit.

Helft uns in diesem Erdental,
dass wir durch Gottes Gnad und Wahl
zum Himmel kommen allzumal.

Text: nach Friedrich von Spee

2 EIN MONAT VOLLER HEILIGER

HEILIGENFESTE IM DEZEMBER

Nach altrömischer Zählung ist der Dezember der zehnte Monat (lat. decem = zehn). Unsere Vorfahren nannten ihn den Wolfsmond, denn in diesem Monat verschlingt die Dunkelheit das Licht, die Tage werden kürzer, die Nächte länger. Über diesen Monat sagen die Bauernregeln: „Sturm im Dezember und Schnee, da schreit der Bauer juchhe" und „Watet die Krähe zur Weihnacht im Schnee, sitzt sie zu Ostern im Klee".

Der Monat Dezember, der in den christlichen Kirchen zu großen Teilen mit der Adventszeit identisch ist, ist der Monat mit den berühmten Heiligenfesten, berühmt deswegen, weil mit diesen Festtagen ein breites religiöses Brauchtum verbunden ist.

WAS IST EIGENTLICH EIN HEILIGER?

Der Apostel Paulus hat alle Christen Heilige genannt. Wer durch Glaube und Taufe Christus angehört, auch seinen Namen trägt, den zählt Paulus zu den Heiligen. Wenn wir heute von Heiligen sprechen, dann meinen wir die Menschen, die in ihrem Leben den christlichen Glauben ganz ernst genommen haben, die vorbehaltlos und beispielhaft aus ihm lebten.

Heilige gibt und gab es zu allen Zeiten, bei allen Völkern, in allen Berufen: Frauen und Männer, Eheleute und Geistliche, Staatsmänner und Bauern. Sie sind verschieden nach Herkunft und Charakter, nach Begabung und nach Temperament, sie haben unterschiedliche Schicksale und unterschiedliche Bedeutung. Es gibt Heilige, die sich aus der Welt zurückziehen und sich ganz dem Gottesdienst und dem Gebet widmen. Andere wiederum stehen im öffentlichen Leben und setzen sich mit all ihren Kräften und Fähigkeiten ein, um mehr Gerechtigkeit und Frieden in der Welt zu schaffen. Es gibt unter ihnen Menschen, die sich fast unbemerkt um Kinder und Alte, Arme und Kranke, Gefangene und Verfolgte, Außenseiter und Ausgestoßene kümmern und auf diese Weise Gottes Liebe zu den Kleinen, Schwachen und Verachteten bezeugen. Es gibt andere, die als Missionare bis an die Grenzen der Erde die Botschaft des Evangeliums verkünden oder die als „Rebellen Gottes" den Verantwortlichen in Staat und Kirche das Gewissen wachrütteln oder als unerschrockene Zeugen ihre Treue zu Christus mit dem Leben bezahlen.

Heilige sind oft Gegenbilder zu den Glücksvorstellungen ihrer Zeit. Sie zeigen, dass Besitz und Wohlleben, Macht und Lust den Menschen nicht wirklich Mensch werden lassen; sie setzen andere Maßstäbe und andere Ziele.

Heilige sind deswegen aber keine Halbgötter, sie bleiben Menschen. Sie haben ihre Fehler und Schwächen, ihre Zweifel und Anfechtungen. Sie versagen und werden schuldig. Aber sie sind „aufgeschlossene Sünder", das heißt, sie wissen um ihre Grenzen, ohne sich damit abzufinden. So unterschiedlich die Heiligen auch sein mögen, zwei Dinge sind ihnen gemeinsam: ihr Bewusstsein, alles Gott zu verdanken, und ihr Streben, durch ihr Leben Antwort zu geben auf die Liebe Gottes. Heilige sind Modelle des christlichen Lebens.

Was ist der Unterschied
zwischen einem „Bewunderer"
und einem „Nachfolger"?

Ein Nachfolger ist,
was er bewundert,
oder er strebt danach, es zu sein.

Ein Bewunderer hält sich
persönlich außerhalb
und kommt bewusst oder unbewusst

nicht zu der Entdeckung,
dass das Bewunderte
eine Forderung an ihn enthält,

nämlich die Forderung,
entweder das Bewunderte zu sein,
oder doch danach zu streben, es zu sein.

Sören Kierkegaard

DIE KATHOLISCHE KIRCHE
UND IHRE HEILIGEN

In den Dokumenten des II. Vatikanischen Konzils (1962 – 1965) ist über die Heiligen zu lesen: „Sie (die Kirche) stellt den Gläubigen ihr Beispiel vor Augen, das alle durch Christus zum Vater zieht, und sie erfleht um ihrer Verdienste willen die Wohltaten Gottes." Heilige sind also Menschen, die durch die Gnade Gottes zur Vollkommenheit geführt wurden und das ewige Heil erlangt haben, so dass sie für uns Fürsprache bei Gott einlegen können.

HEILIGSPRECHUNG

Die feierliche Erklärung der Kirche, dass ein Verstorbener zu Recht als Heiliger verehrt wird und deshalb auch allgemein und öffentlich um seine Fürbitte angerufen werden darf. Durch diese Erklärung wird er in das Verzeichnis der Heiligen aufgenommen. Als Vorstufe erfolgt gewöhnlich die Seligsprechung. Der Heiligsprechung geht ein sorgfältiges Untersuchungsverfahren („Heiligsprechungsprozess") voraus.

HEILIGE IM VOLKSBRAUCHTUM

Viele Heilige haben ein so einprägsames Bild hinterlassen, dass man nicht nur an sie denkt und zu ihnen betet, sondern auch durch Brauchtum die Erinnerung an sie und ihre Taten wach hält. Solches Brauchtum wurzelt bisweilen im Heidnischen, bereichert jedoch unser Alltagsleben und lenkt unsere Gedanken vom nüchternen, täglichen Einerlei auf eine andere Wirklichkeit.

HEILIGENVEREHRUNG

Heilige werden nicht angebetet, sie werden als Vorbilder verehrt und um ihre Fürbitte bei Gott angerufen. Heiligenverehrung ist eine Form der Frömmigkeit, die vor allem von katholischen (und orthodoxen) Christen (im Unterschied zu den evangelischen) geübt wird.

Die Heiligenverehrung hat viele Künstler angeregt, Bilder zu schaffen, die eine lebendige Heiligenverehrung unterstützen. Die meisten Heiligen werden mit bestimmten Attributen dargestellt, an denen man sie erkennen kann.

DIE HEILIGEN UND IHRE ATTRIBUTE

HEILIGER CHRISTOPHORUS

Christophorus heißt auf Deutsch Christusträger. Der Heilige trägt das Jesuskind auf seinen Schultern und einen Stab in der Hand. Schutzpatron der Pilger, der Reisenden, aber auch der Kraftfahrer.

HEILIGER FLORIAN

Dargestellt als Feuerwehrmann, der aus einem Eimer Wasser über ein brennendes Haus schüttet. Florian ist der Schutzpatron der Feuerwehr. Bekannt ist das so genannte „Florianprinzip": *„Heiliger Sankt Florian, verschon´ mein Haus, zünd´ and´re an!"*

HEILIGE CÄCILIA

Patronin der Musik. Sie trägt in ihren Händen eine Orgel. Nach ihr werden die Kirchenchöre auch Cäcilienvereine genannt.

HEILIGER WENDELIN

Er zählt zu den vierzehn Nothelfern und ist der Schutzpatron des Viehs. Er wird zumeist dargestellt mit der Wurfschaufel des Hirten und mit einem Lamm.

DIE HEILIGE BARBARA – 4. DEZEMBER

Die Legende erzählt, der heidnische Vater habe Barbara streng erzogen und sorgfältig behütet. Später sollte sie sich mit einem edlen Jüngling vermählen. Barbara jedoch wollte davon nichts wissen. Um in ihr den Wunsch nach der Ehe zu wecken, ließ der Vater sie allein in einem Turm eingesperrt zurück, als er auf Reisen ging.

Auf ihren Wunsch wurde ein Badezimmer eingebaut, das zwei Fenster hatte. Als der Vater von der Reise zurückkehrte, waren aus den zwei Fenstern drei geworden und an der Wand im Badezimmer hing ein Kruzifix. Als der Vater seine Tochter zur Rede stellte, bekannte Barbara, dass „durch die drei Fenster die erleuchtende Gnade des dreifaltigen Gottes Eingang bei ihr gefunden" hätte. Außerdem eröffnete sie dem Vater, dass sie Christin geworden sei und das Gelöbnis der Jungfräulichkeit abgelegt habe. Der Vater drohte ihr massiv und stellte sie vor die Wahl, entweder ihrem Glauben abzuschwören oder sich auf einen furchtbaren Tod gefasst zu machen. Für Barbara wäre es leicht gewesen, vom Glauben abzufallen: man brauchte sich nur in die Staatsliste einzutragen. Damals gab es viele so genannte „lapsi" = Abgefallene, die sich in die Liste eintrugen. Barbara jedoch blieb standhaft. „Den Fluch deiner Götter fürchte ich nicht, denn mich hat Jesus gesegnet." Auf diese Worte hin ließ sie der grausame Vater foltern. Aber in der Nacht kamen Gottes Engel und pflegten sie. Am anderen Tag quälten die Menschen sie noch ärger, brannten ihre Wunden aus und jagten sie durch die Straßen der Stadt, wobei die Ruten – so die Legende - mit denen sie geschlagen wurde, sich in Pfauenfedern verwandelten. Schweigend ertrug sie Schmerz und Schmach, gestärkt durch ihre Liebe zum Herrn. Über ihre Standhaftigkeit maßlos erzürnt, tötete sie ihr Vater schließlich mit eigener Hand.

Der Turm, der zum Attribut der heiligen Barbara wurde, ist das Symbol jeglicher Gefangenschaft; der Turm, der sich plötzlich öffnet, ist auch das Bild der wunderbaren Rettung aus auswegloser Not, die Gott allein bewirken kann. Der Kelch, den die Heilige mitunter trägt, bedeutet die Stärkung, die ihr durch ihren Glauben zuteil ward.

Die Forschung hat bisher nicht herausfinden können, wann die heilige Barbara gelebt hat. Nach der Überlieferung stammte sie aus Nikomedien in Kleinasien. Dass Barbara mit Standhaftigkeit und Mut um ihres Glaubens willen in den Tod ging, kann als verbürgt gelten. Es heißt, dass sie um 306 unter Maximinus Daja starb. Seit dem 12. Jahrhundert wird ihr Fest am 4. Dezember gefeiert. Bekannt ist auch heute noch der Brauch der Barbarazweige. Am Festtag der Heiligen schneidet man Zweige vom Kirschbaum ab und stellt sie in eine Vase. Zu Weihnachten erblühen dann diese Zweige. Dieser Brauch geht auf die Erzählung zurück, Barbara habe einen verdorrten Kirschbaumzweig im Gefängnis mit Tropfen aus ihrem Trinkgefäß benetzt, worauf der Zweig zu blühen begann.

Zweige sind im Übrigen ein alter Orakelbrauch: Wenn man vor Wintereinbruch das Vieh von den Weiden in die Stallungen trieb, nahm man Zweige von den Bäumen mit – aus der Anzahl der Blüten schloss man dann auf die Fruchtbarkeit des kommenden Jahres. Im christlichen Brauchtum stehen die Zweige für Jesus, den „Spross aus der Wurzel Jesse".

Die heilige Barbara wird zu den vierzehn Nothelfern gezählt: die Sterbenden sind ihr anvertraut, ihre Fürbitte gilt jedem jähen und unversehenen Tode. Vielleicht ist sie deswegen auch zur Schutzpatronin der Artillerie geworden. Viele Berufe verehren Barbara als Schutzheilige: Bergleute, Hüttenarbeiter, Architekten und alle Arten von Bauarbeiter – wohl wegen ihres Attributes, des Turms – aber sie ist auch die Patronin der Türmer, Hutmacher, Köche und Totengräber.

DER HEILIGE NIKOLAUS – 6. DEZEMBER

Über den heiligen Nikolaus gibt es unzählige Legenden, durch die das Volk sein Andenken bis heute lebendig erhielt. Drei davon seien hier näher vorgestellt.

Die erste Legende:

Nikolaus hatte erfahren, dass ein Edelmann schuldlos in Armut geraten war, das Schicksal hatte ihm übel mitgespielt. Nun kam dieser Edelmann auf die gar nicht edle Idee, seine drei unverheirateten Töchter ein lasterhaftes Leben führen zu lassen, damit sie durch sündhaften Gewinn sich und die Ihren von Not retteten.
Der Begriff „lasterhaftes Leben" umschreibt vorsichtig die Tatsache, dass er sie als Huren arbeiten lassen wollte. Nikolaus, der davon erfuhr, beschloss sofort zu helfen. Um als Wohltäter unbekannt zu bleiben, warf er in drei Nächten hintereinander jedes Mal einen Goldklumpen durch das Fenster in die Schlafkammer der Töchter, womit sie ihre Aussteuer bestreiten konnten. Auf diese Weise stand einer ehrbaren Verheiratung nichts mehr im Wege, Schande und Not waren abgewendet.

Aus dieser Legende könnte später der Brauch entstanden sein, die Kinder in der Nacht zum Nikolaustag heimlich zu beschenken. Hier die Legende, durch die Nikolaus der Schutzheilige der Seeleute geworden ist:

Es geschah, dass Leute mit dem Schiff auf dem Meer fuhren und durch einen plötzlich aufkommenden Sturm in große Not kamen. Da beteten sie zum heiligen Nikolaus und sprachen: „Nikolaus, Knecht Gottes, wenn das wahr ist, was wir von dir gehört haben, so lass uns deine Hilfe erfahren." Da erschien ihnen ein Mann, der Nikolaus glich, und sprach: „Ihr ruft mich, hier bin ich." Dann half er ihnen. Nach und nach ebbte der Sturm ab. Als sie nun an Land kamen, gingen sie zur Kirche des Heiligen und dankten ihm für ihre Rettung. Da hörten sie seine Stimme, die sprach: „Nicht ich, sondern euer Glaube und Gottes Gnade haben euch geholfen."

Eine dritte Legende:

Drei Hauptleute des Kaisers waren in hohe Gunst gekommen. Von Neid erfüllt, klagte der Anführer der Leibwache sie fälschlich beim Kaiser an, sie hätten sich des Hochverrates schuldig gemacht. Der Kaiser gab dem Verleumder Gehör und verurteilte die drei zum Tode. In ihrer großen Not gedachten sie des Bischofs Nikolaus. Und dann geschah das Wunderbare: Obwohl sie weit von Myra entfernt in einem Turm eingesperrt waren, flehten sie zu Gott, er möge ihnen seinen Diener Nikolaus zu Hilfe schicken. In der Nacht vor der Hinrichtung erschien der Heilige dem Kaiser, der im Schlafe lag, und hielt ihm sein Unrecht vor. Er drohte mit der Rache Gottes, wenn er das Todesurteil vollstrecken lasse. Erschreckt von diesem Traum, ließ der Kaiser die drei Hauptleute zu sich kommen, sie von ihren Fesseln befreien und sandte sie nach Myra, um dem heiligen Bischof für ihre Rettung zu danken.

Heiliger Nikolaus, Pfarrkirche Kappelrodeck

Diese Legende könnte der Anlass gewesen sein, dass später im Westen die grausige Geschichte von den drei fahrenden Schülern entstanden ist, die ein Metzger getötet und in ein Fass eingepökelt hatte und die von Sankt Nikolaus wieder zum Leben erweckt wurden. Die Szene mit den drei Hauptleuten ist oftmals von italienischen Malern gemalt, aber später falsch interpretiert worden, denn wahrscheinlich wurde der Turm mit den drei Gefangenen für ein Pökelfass gehalten.

Der Name Nikolaus kommt aus dem Griechischen, „nike laos" = Sieg des Volkes

BRAUCHTUM AM FEST DES HEILIGEN

Seit dem 8. Mai des Jahres 1087 befinden sich die Reliquien des heiligen Nikolaus in der Krypta der Basilika San Nicola in Bari. Über dem Altar hängen unzählige Votivgaben, das sind Weihegaben als Zeichen des Dankes für die Hilfe, die Nikolaus geleistet hat. Unter diesen Weihegaben finden sich viele Schiffsmodelle, die von Seeleuten gefertigt sind, die aus Seenot gerettet wurden. Heute noch ist es in der Stadt Bari der Brauch, dass am 8. Mai in Erinnerung an die Übertragung der Reliquien des heiligen Nikolaus von Myra nach Bari, die Statue des Heiligen aufs Meer hinausgefahren wird in einer Art Schiffsprozession. Die Verehrer des Heiligen mieten kleine Boote, um der Statue zu folgen, die abends wieder in die Stadt zurückgebracht wird.

In der Kirche des Ostens überstrahlte der Heilige Nikolaus gegen Ende des 9. Jahrhunderts alle übrigen Heiligen und stand in der Rangordnung gleich hinter der Gottesmutter Maria. Seit der Übertragung der Gebeine nach Bari findet sich das Fest des Heiligen auch im römischen Festkalender und liegt dort auf dem 6. Dezember.

Da sich um die Gestalt des heiligen Nikolaus so viele Legenden ranken, die ganz unterschiedliche Situationen schildern, haben viele Stände ihn zum Patron erwählt, unter anderen die Seeleute, Schneider, Weber, Metzger, Notare, Advokaten und Schüler. Nikolaus wird auch in ganz speziellen Anliegen um Hilfe gebeten: Die Gefangenen bitten um seinen Beistand, er wird angerufen um eine gute Heirat, zur Wiedererlangung gestohlener Sachen, gegen falsches Urteil. Dargestellt wird der Heilige zumeist in bischöflicher Kleidung, drei goldene Kugeln auf einem Buche tragend oder mit drei Broten in der Hand, mit drei aus einem Bottich aufsteigenden Knaben, mit Anker und Schiff.

Die Figur des heiligen Nikolaus taucht – wie schon erwähnt – seit dem 6. Jahrhundert in vielen Legenden auf. Vertreter der Wissenschaft behaupten, dass der legendäre Nikolaus eine Kompilation (eine Zusammenführung) aus zwei historischen Personen sei: dem Bischof Nikolaus von Myra im kleinasiatischen Lykien, der wahrscheinlich im 4. Jahrhundert gelebt hat, und dem gleichnamigen Abt von Sion, der Bischof von Pinora war, und am 10. Dezember 564 in Lykien starb. Aus diesen beiden historischen Personen soll sich die ab dem 6. Jahrhundert in Legenden fassbare Figur des wundertätigen Bischofs von Myra entwickelt haben.

Der erste historisch sichere Anhaltspunkt, im Grunde die Keimzelle der Nikolauslegende, ist die „praxis de stratelatis", die Legende von der wunderbaren

Rettung dreier unschuldig zum Tode verurteilter Feldherren durch den Bischof Nikolaus von Myra. Diese Legende lässt sich auf das Ende des 5. bzw. den Verlauf des 6. Jahrhunderts datieren. Das Außerordentliche dieses Wunders besteht darin, dass Nikolaus dieses Wunder zu Lebzeiten wirkte und dabei dem Kaiser in Konstantinopel im Traum erschien.

Das heimliche Beschenken mit Äpfeln, Nüssen und Süßigkeiten in der Nacht von 5. auf den 6. Dezember, das dem heiligen Nikolaus zugeschrieben wird, hat selbst Martin Luther noch bis 1535 in seiner Familie praktiziert. Doch dann erfolgte eine Verlegung des „Schenktermins" und damit fiel der Brauch in den meisten protestantischen Regionen weg und übertrug sich auf Weihnachten und das Christkind.

Der Brauch des „Einlegens" – so nennt man diese Art des Schenkens - ist wohl abgeleitet von dem legendären Einlegen der Goldklumpen in das Haus der drei Mädchen. Das durch den Kamin eingeworfene Gold hat sich nach alter Tradition in den Strümpfen der Mädchen verfangen, die Strümpfe, die am Kamin zum Trocknen aufgehängt waren. Daher sind Strümpfe und Schuhe heute noch gängige „Empfangsbehälter".

Nachdem das Nikolausfest durch die Reformation als Tag, an dem die Kinder beschenkt wurden, weggefallen war, versuchte man in der Gegenreformation einen anderen Akzent zu setzen. Nikolaus und sein Gefolge kehrte in jedes Haus mit Kindern ein und examinierte diese. Abgefragt wurde, ob die Kinder ihre Gebete verrichtet hatten und den Anordnungen der Eltern gefolgt waren. Die Guten wurden belohnt, die Säumigen ermahnt. Beim Einkehrbrauch übernimmt der heilige Nikolaus die Rolle des gütigen Richters, der lobt oder straft. Seinen Wissensschatz über die Taten der Kinder bezieht er aus dem Goldenen Buch. Dass aus der im Grunde sinnvollen Absicht, durch Lob das Gute zu bestätigen und durch milde Strafe vom bösen Weg abzubringen, mit der Zeit ein den Kindern Angst machendes Spektakel wurde, war mit Sicherheit nicht im Sinne des Erfinders.

Kinderbeschenktag war übrigens im frühen Mittelalter das Fest der Unschuldigen Kinder (28. Dezember). In dem Maße, wie der heilige Nikolaus populär und der Patron der Kinder und Schüler wurde, verlagerte sich im 13. Jahrhundert der Beschenktag auf den 6. Dezember.

BEGLEITER DES HEILIGEN NIKOLAUS

Beim Einkehrbrauch wird der heilige Nikolaus von einer Figur begleitet, die als gezähmter Teufel oder „dienstverpflichteter" Höllengeist gedeutet werden kann. Oft ist dieser Begleiter ein in Ketten gelegter, geschwärzter Poltergeist, zu dessen Ausrüstung meist Rute und Sack gehören. Bei der Inszenierung einer Art Gerichtsverhandlung – vor Gericht stehen die besuchten Kinder – übernimmt diese Figur die Rolle des Bösen. Sie bestraft Böses und Böse, befindet sich aber fest in der Gewalt des Guten. Die Namen für diese Figur variieren. Relativ weit verbreitet ist die Bezeichnung Knecht Ruprecht.

Kinder haben nicht nur Angst vor der strafenden Rute, sondern auch vor dem Sack. In diesem Sack schleppt Knecht Ruprecht nicht nur missmutig die Geschenke des Heiligen heran, er darf auch die „in den Sack stecken", die nicht „brav" waren, also ihre religiösen und häuslichen Pflichten nicht erfüllt haben. Der Sack wird hier zu einer Art Höllenschlund, in den nach mittelalterlicher Auffassung der geriet, der vor Gottes Gericht keine Gnade fand.

Bezeichnungen für den Knecht Ruprecht im deutschsprachigen Raum sind: Bullerklas, Klas Bur (Westfalen, Norddeutschland); Hans Muff (Niederrhein); Pelzebock (Eifel, Mosel); Pelzebub (Baden); Pelznickel (Pfalz, Saar); Butz (Schwaben); Klaubauf (Bayern); Hans Trapp (Pfalz, Elsass).

DER WEIHNACHTSMANN

Im nördlichen Europa existiert seit Jahrhunderten eine dem heiligen Nikolaus vergleichbare Gestalt, die mit Rute und Nüssen die Menschen auf die lange Winterzeit vorbereitet. Die Rute galt dabei als Fruchtbarkeitssymbol, die Nüsse als gehaltvolle und haltbare Nahrung. Dieser bärtige, alte Mann war in einen langen braunen Winterpelz mit Kapuze gekleidet und fuhr auf einem Rentierschlitten, sein Wohnort ist Lappland. Zum einen geht man davon aus, dass hier noch deutliche Elemente des nordischen Gottes Thor enthalten waren, zum anderen diente diese Gestalt als entscheidende Vorlage für die Kreation des Coca-Cola-Weihnachtsmannes, der von einem norwegischen Grafiker gestaltet wurde.

Bereits die Darstellung des Nikolaus im Struwwelpeter ist dem heutigen Bild des Weihnachtsmannes recht ähnlich. Um 1920 setzt sich dann mehr und mehr die rot-weiße Robe des Weihnachtsmannes durch, und dieses Bild wurde schließlich von Haddon Sundblom, einem Grafiker aus Norwegen, aufgegriffen, der 1931 für die Coca-Cola Company im Rahmen einer Werbekampagne den Weihnachtsmann zeichnete.

„Väterchen Frost" ist die russische Variante des Weihnachtsmannes. Er enthält sowohl Elemente des alten nordeuropäischen Weihnachtsmannes als auch die des heiligen Nikolaus. Entstanden ist er als Geschenke bringende Figur im Zusammenhang mit dem Jolka-Fest in den 20er Jahren des 20. Jahrhunderts, um als atheistische Version das alte russisch-orthodoxe Weihnachtsfest am 6. bzw. am 7. Januar zu ersetzen. Durch geschickte Einbettung in die russische Märchenwelt etablierte sich diese Kunstfigur mit der ihm zur Seite gestellten Snegurotschka (= Schneewittchen oder auch Schneeflöckchen). Väterchen Frost wohnt tief in der Taiga, fährt einen von drei Schimmeln oder Rentieren gezogenen Schlitten – die Troika – und trägt einen weiß-grauen mit Blautönen durchwebten Pelzmantel.

Hl. Mutter Anna Selbdritt, Pfarrkirche Ottenhöfen

DAS MISSVERSTANDENE MARIENFEST – DAS FEST DER UNBEFLECKTEN EMPFÄNGNIS – 8. DEZEMBER

Am 8. Dezember feiert die katholische Kirche das Fest der Unbefleckten Empfängnis, in früheren Zeiten zählte dieser Tag noch zu den Hochfesten im christlichen Jahreskreis.

Viele – auch viele Christen – glauben, dieses Fest hätte etwas mit der Jungfrauengeburt zu tun, mit dem Satz des Erzengels Gabriel, der zu Maria sagt: „Der Heilige Geist wird über dich kommen und die Kraft des Allerhöchsten wird dich überschatten". Diese Annahme ist allerdings ein Missverständnis, entstanden aus Unwissenheit und Vorurteilen. Am Fest der Unbefleckten Empfängnis wird gefeiert, dass Maria ohne den Makel der Erbsünde von ihrer Mutter empfangen und geboren wurde. Noch einmal: Dieses Fest der Unbefleckten Empfängnis bezieht sich also nicht auf die Glaubensaussage, dass Maria Jesus jungfräulich empfangen und geboren hat, es bezieht sich auf die Freiheit Marias von der Erbsünde, und zwar von Geburt an. Maria hatte einen leiblichen Vater, nämlich den heiligen Joachim, ihre Mutter war die heilige Anna.

Am 8. Dezember 1854 verkündete Papst Pius IX. das Dogma von der Unbefleckten Empfängnis. In seinem apostolischen Schreiben „Der unbegreifliche Gott" heißt es: *„Die Lehre, dass die seligste Jungfrau Maria im ersten Augenblick ihrer Empfängnis durch ein einzigartiges Gnadenprivileg des allmächtigen Gottes, im Hinblick auf die Verdienste Jesu Christi, des Erretters des Menschengeschlechtes, von jedem Schaden der Erbsünde unversehrt bewahrt wurde, ist von Gott geoffenbart und darum von allen Gläubigen fest und beständig zu glauben."*

Entstanden ist dieses Dogma aus folgendem Grund: Der Theologie bereitete die Frage, wie Maria am Erlösungswerk teilnehmen konnte, da sie doch wie alle anderen Menschen unter den Bedingungen der Erbsünde lebte. Um dies auszuschließen gab es zwei Möglichkeiten: Entweder eine göttliche Reinigung, wie dies in der Theologie der Dominikaner vertreten wurde, oder die Annahme, dass Maria ohne Erbsünde empfangen wurde, wie es die franziskanischen Theologen lehrten.

Die Entscheidung fiel zugunsten der Empfängnis frei von der Erbsünde.

DIE HEILIGE LUCIA – 13. DEZEMBER

Gedenktag ist der 13. Dezember. Die heilige Lucia wurde um 286 in Syrakus geboren und starb dort wahrscheinlich um das Jahr 310. Lucia ist eine historische Person, mit der sich viele Legenden beschäftigen.

In einer dieser Legenden wird erzählt, dass sie schon als Kind ewige Jungfräulichkeit gelobte, aber ihre Mutter hatte dafür kein Verständnis und wollte sie verheiraten. Lucia zögerte die Verlobung hinaus. Weiter wird erzählt: Als die Mutter erkrankte, unternahm Lucia mit ihr eine Wallfahrt nach Catania zum Grab der heiligen Agatha. Gebet und Erscheinung heilten die Mutter, die ebenfalls Christin wurde. In einem Traum erschien Agatha der Lucia, wies sie auf die Kraft des Glaubens hin und sagte ihr ein ähnliches Schicksal wie das eigene voraus.

Zurückgekehrt kündigte Lucia die abgesprochene Eheschließung auf, gründete mit ihrem Vermögen und mit Unterstützung ihrer Familie eine Armen- und Krankenstation, die durch ein Wunder geheilte Mutter unterstützte tatkräftig ihre Tochter. Berichtet wird auch, dass Lucia ihren Glaubensgenossen in den Zeiten der Verfolgung Lebensmittel in die Verstecke brachte. Damit sie beide Hände frei hatte zum Tragen der Speisen, setzte sie sich einen Lichterkranz aufs Haupt, um in der Dunkelheit den Weg zu finden.

Die Auflösung des Eheversprechens hatte für Lucia böse Folgen, denn ihr Verlobter übergab sie dem Präfekten, der die Christen verfolgte. Der wollte sie ins Dirnenhaus bringen lassen, aber ein Ochsengespann und tausend Männer waren nicht imstande, die Gefesselte von der Stelle zu bewegen. Weder ein Zauberer noch rund um sie entzündetes Feuer und über sie gegossenes siedendes Öl konnten ihr etwas anhaben. Da stieß man ihr ein Schwert durch die Kehle. Weitere Legenden berichten, dass sie ihre schönen Augen ausgerissen und sie auf einer Schüssel ihrem Verlobten geschickt habe, doch habe ihr Maria noch schönere Augen wieder gegeben.

Im Mittelalter wurden am Luciatag die Kinder beschert, und noch heute wird an diesem Tag in Italien „Torrone dei poveri" zubereitet als Mahlzeit für die Armen. Bei Dante ist Lucia die Trägerin des himmlischen Lichtes. In Schweden ist der Luciatag seit 200 Jahren ein besonderer Feiertag: Die jüngste Tochter im Hause stellt die Heilige dar und trägt einen grünen Kranz mit einer Reihe brennender Kerzen. So geht sie morgens von Zimmer zu Zimmer und weckt Eltern und Geschwister. Alle warten schon darauf, denn sie bringt die ersten Kostproben der Weihnachtsplätzchen mit und ihr Licht ist der Vorbote des Weihnachtslichtes.

Die heilige Lucia wird dargestellt mit Halswunde, Schwert, Lampe oder Fackel, sie ist die Patronin der Armen, der Blinden, aber auch der Glaser, Weber, Sattler, Polsterer, Schneider, Hausierer, Notare und Anwälte. Lucia wurde zum „Nikolaus der Frauen". Da früher der heilige Nikolaus nur den Jungen Geschenke brachte, bescherte Lucia eine Woche später die Mädchen.

DER HEILIGE STEPHANUS – 26. DEZEMBER

Der erste Zeuge, der für seinen christlichen Glauben den Martertod auf sich nahm, war der heilige Stephanus.Stephanus war ein so genannter Judenchrist und lebte in Jerusalem. Die junge Gemeinde hatte ihn zusammen mit einigen anderen zum Diakon ernannt, die Diakone hatten in der noch jungen Kirche soziale Aufgaben.

In der Apostelgeschichte heißt es:

„Stephanus aber, voll Gnade und Kraft, tat Wunder und große Zeichen unter dem Volk. Doch einige von der so genannten Synagoge der Libertiner und Cyrenäer und Alexandriner und Leute aus Zilizien und der Provinz Asien erhoben sich, um mit Stephanus zu streiten; aber sie konnten der Weisheit und dem Geist nicht widerstehen." (Apg 6, 8-10)

Schließlich berief man eine Versammlung ein, und Stephanus musste sich vor dem Hohen Rat verantworten. Er hielt eine glänzende Rede, die mit den folgenden Worten endete:
„Ihr Halsstarrigen, ihr, die ihr euch mit Herz und Ohr immerzu dem Heiligen Geist widersetzt, eure Väter schon und nun auch ihr. Welchen der Propheten haben eure Väter nicht verfolgt? Sie haben die getötet, die die Ankunft des Gerechten geweissagt haben, dessen Verräter und Mörder ihr jetzt geworden seid, ihr, die ihr durch die Anordnung von Engeln das Gesetz empfangen, es aber nicht gehalten habt." (Apg 7, 51-53)

Was dann folgt, ist eine antike Lynchjustiz:
„Als sie das hörten, waren sie aufs äußerste über ihn empört und knirschten mit den Zähnen. Er aber, erfüllt vom heiligen Geiste, blickte zum Himmel empor, sah die Herrlichkeit Gottes und Jesus zur Rechten Gottes stehen. Da erhoben sie ein lautes Geschrei, hielten sich die Ohren zu, stürmten gemeinsam auf ihn los, trieben ihn zur Stadt hinaus und steinigten ihn. Die Zeugen legten ihre Kleider zu Füßen eines jungen Mannes nieder, der Saulus hieß. So steinigten sie Stephanus; er aber betete und rief: Herr Jesus, nimm meinen Geist auf! Dann sank er in die Knie und schrie laut: Herr, rechne ihnen diese Sünde nicht an! Nach diesen Worten starb er." (Apg 7, 54-60)

Dargestellt wird der heilige Stephanus mit einer Palme in der einen und Steinen in der anderen Hand. Der Heilige ist der Patron vieler Länder und Städte und der verschiedensten Gewerbe, wie Maurer, Weber, Zimmerleute, außerdem ist er der älteste Pferdepatron.

DER HEILIGE PAPST SILVESTER – 31. DEZEMBER

Hört man das Wort Silvester, dann denkt man an Feiern, an Sekt, an Bleigießen, an Raketen, an den letzten Tag des Jahres. Als Namensgeber dieses Tages gilt Papst Silvester, der von 314 bis 335 die Kirche leitete. Er starb am 31. Dezember 335.

Die Legende:

„Auf dem Forum Romanum – so glaubte das römische Volk – liege unter den Säulen des Castor- und Polluxtempels ein Drache begraben. Noch vor wenigen Jahrzehnten wurde dieser Ort gemieden, weil, wie es hieß, die Luft dort verpestet sei, obgleich der Drache schon lange tot war. Im Altertum hatte dieser Drache den Menschen mit seinem Gifthauch geschadet und den Tod gebracht. Da hatte sich der heilige Papst Silvester an den verfemten Ort begeben. Unerschrocken trat er unter Zurücklassung seines Gefolges mit dem Kreuz in der Hand dem Untier entgegen, um es in der Kraft des Gebetes zu besiegen. Der Drache, so berichtet es die Legende, sei beim Anblick des Papstes gelähmt vor seiner Höhle liegen geblieben. Man habe ihn mit einem dünnen Seidenfaden fesseln und dann töten können. Der riesige Leib aber sei unter den drei hochragenden Säulen des Dioskuren-Tempels verscharrt worden. Zum Dank für die Hilfe des Himmels errichtete der Papst an dieser Stelle eine Kirche.

Eine andere Legende ist die Konstantin-Legende:

„Der mit Aussatz behaftete Kaiser Konstantin beruhigt, von plötzlichem Mitleid bewegt, die Frauen, deren Kinder getötet werden sollen, um – wie die Götzenpriester geraten hatten – den Kaiser in ihrem warmen Blut gesund zu baden. Der Kaiser träumt von den Aposteln Petrus und Paulus, die er für fremde Götter hält. Er schickt Boten zu Papst Silvester, der auf dem Berg Soracte in der Einsamkeit lebt und ihm erklärt, wer die Apostelfürsten sind. Silvester befiehlt dem Kaiser, die Bilder der Apostel zu verehren. Er heilt den Kaiser durch die Taufe vom Aussatz. Der Kaiser schenkt dem Papst die Herrschaft über Rom. Er geleitet ihn, sein eigenes Pferd zu Fuß am Zügel führend, zum Lateran, wo er dem Papst knieend die Tiara überreicht.“

Der Heilige ist der Patron der Haustiere, er verhilft zu einem guten Futterjahr.

DIE RAUNÄCHTE

Einige Nächte „zwischen den Jahren" werden als Raunächte bezeichnet. Als die vier wichtigsten Raunächte gelten:

21./22. Dezember: Thomasnacht/Wintersonnenwende

24./25. Dezember: Christnacht

31.Dezember/1. Januar: Silvesternacht

5./6. Januar: Epiphaniasnacht

Der Name leitet sich nicht, wie man vermuten könnte, von dem Adjektiv rau ab, auch nicht vom Wort Rauch, vielmehr geht die Bezeichnung mit großer Wahrscheinlichkeit auf das mittelhochdeutsche Wort ruch = haarig zurück. Die Raunächte stehen in enger Verbindung mit Ritualen rund um das Nutzvieh, aber auch Verwandlungen zwischen Tieren und Menschen oder haarigen mythischen Wesen.

Die Raunächte sind eine Zeit, in der Geisteraustreibung und Geisterbeschwörung betrieben werden. In der Silvesternacht sollte Wotan mit den Toten zur wilden Jagd aufbrechen, denn in dieser Zeit steht nach dem alten Volksglauben das Geisterreich offen und die Seelen der Verstorbenen haben Ausgang. Bis in die jüngere Zeit war in weiten Teilen Europas der Glaube verbreitet, dass sich zauberkundige Menschen, die einen Pakt mit dem Teufel geschlossen hatten, sich in dieser Zeit in Werwölfe verwandeln würden. Der Brauch, an Silvester Lärm zu erzeugen, soll helfen, die Unholde von Mensch und Tier fern zu halten. Auch die Bräuche um die „Winterauskehr" am Ende der Fastnacht stehen in diesem Zusammenhang: Die Geister sollen durch Lärm vertrieben werden. Altem Volksglauben zu Folge sind die Raunächte für das Durchführen von Orakeln besonders geeignet. Dieser Glaube lebt zum Beispiel im Bleigießen weiter. Tiere im Stall sollen um Mitternacht die menschliche Sprache sprechen und über die Zukunft erzählen. Aber wer die Tiere sprechen hört, stirbt unmittelbar danach.

Kinder, die an einem Samstag während dieser zwei Wochen geboren wurden, besaßen nach Auffassung der meisten europäischen Völker magische Kräfte.

An den vier wichtigen Raunächten werden im Volksbrauchtum Haus und Stall vom Hausvater mit Weihwasser und Weihrauch gesegnet, Kerzen entzündet und Gebete gesprochen. Hierbei handelt es sich um christliches Brauchtum.

Wo Hektik isch,
isch Murks net wit –
vor allem in de
Wihnaachdszit.

Alemannischer Volksmund

NICHT ALLZU
BESINNLICH

Net kaufe, selwer mache

Vor kurzem, wo i mitem Audo underwägs war, hab i im Radio ä Sendung ghört, in dere isches drum gonge, dass mer de Fomilje mit ebs Selwergmachtem on Wihnaachde die gröschd Fraid mache kinnt. Mer kinnt ebs baschdle, mer kinnt ebs schdricke odder mer kinnt ebs häkle. Des mitem Häkle isch mer nimmi ussem Kopf. Ich hab mer vorgschdellt, was min Frau fir Auge mache däd, wenn om Heilige Obend underm Krischdbaum ä vun mir selwer ghäkeldi Schdola leie däd. Zwar hab ich s Häkle nie glährt, awer ich kenn soviel, wo häkle kinne, no konn des net allzu schwär si, hab i mer denkt.

Un wenn i mer mol ebs in de Kopf gsetzt hab, no wurd´s au gmacht. Zerschd hab i mer ime Buechlade zwei Biacher kauft, un zwar das „Große Buch vom Handarbeiten" un „Das neue Strick- und Häkelbuch". Des het zwar ä Huffe Geld koschdet, awer schließlich mueß mer jo ebs inweschdiere, wemer ebs erreiche will. In keinem vun dene Biacher awer war ä Oonleidung fir ä wissi Schdola. No hab i denkt, no häkel ich halt en Schal, denn dodefir war ä Oonleidung drin. Und was do gschdonde isch, het sich gued ooghorcht: Dieser 1,80 m lange Schal ist in einem hübschen Lochmuster aus Bouclé-Wolle gearbeitet. Sie häkeln Stäbchen, das Muster entsteht durch Luftmaschen. Am Rand sind Fransen einge-knüpft.

Zerschd bin i fort un hab Madrial kauft, denn in dem Buech isch gnau drin gschdonde, was mer brucht. Die Verkaiferin im Wollgschäft het mich als Fachmonn betrachtet, wo ich gsait hab:

Ich hätt gern Schewe/Picaud-Wolle, Qualität Kali Mousse 240 g in Grün Nr. 15 und eine INOX-Häkelnadel Nr. 4. Awer frooge mi net, wie long ich brucht hab, bis i den Satz uswendig kinne hab. Also d Oonleidung un s Madrial hab i ghet, awer jetz hen die Probleme oogfonge. Under de Iwerschrift „Arbeits-anleitung" isch folgendes gschdonde: 49 + 4 Luftm zum Wenden anschlagen, 1. R.: In die 6. M von der Nadel aus 1 Stb, 4 x abwechselnd mit 1 Luftm 1 M übergehen ...

Luftm, soviel hab i gwisst, des heißt Luftmasch, awer wie des gäht, hab i net gwisst. Awer fir was hab ich die Biacher, hab i mer denkt, un hab nooochgschlage. Un do isch folgendes gschdonde: Häkeln beginnt immer mit der Luftmasche. Achten sie darauf, dass alle Luftmaschen gleich groß sind, umso ordentlicher wird die Kante ihrer Arbeit.

Do isch au gschdonde, wie ä Luftmasch gäht. Also zerschd mueß mer de Woll-fade zure Art Schling lege; uf dem Bild, wo debii war, het des usgsähne wie ä Bretschel. Un no mueß mer mit de Häkelnoodel de Fade in de Kreisschling packe un beidi Fadeende ooziage. Des hab i nochere halwe Schdund schu packt ghet. No isches witergonge: Jetz hab ich den Arweidsfade vun hinde noch vorne um d Häkelnoodel wickle miasse, awer no isches erschd schwierig wore, denn jetz het´s gheiße, miasst ich den Arweidsfade durch d Masch uf d Noodel hole un fir jedi nei Luftmasch de Fade umschlinge un durchhole. Irgendwie het sich des bi mir alles verwickelt, des war kei Masch un Luft het sie schu gar keini ghet.

Sitere Woch hock ich jetz Obend fir Obend, wenn alli ondere im Bedd sin, im Wohnzimmer un iab Luftmasche, denn wenn i die net konn, no bruch i gar net oofonge mitem Schal, denn im Buech het´s jo gheiße: Häkeln beginnt immer mit der Luftmasche. Geschdern nochem vierte Bier hätt i faschd eini fertigbroocht, awer no isch d Katz durch mit de Woll. Im Moment kämpf ich gege die Idee, des mitem Schal z losse un minere Frau die zwei Biacher zu Wihnaachde zu schenke. Ich hab mer jetz ä Frischd gsetzt. Wenn i iwermorge immer no kei Luftmasch konn, no wirf i d Woll un d Häkelnoodel zum Fenschder nus, un zwar durchs gschlossene Fenschder, wil noch zwei Schdunde Luftmascheprobiere om Obend bin i zu allem fähig.

So, des wär´ au erledigt

Zerschd hab i mi on dem Dag iwer d Kinder g´ärgert ghet, no het miner Verein sin Schbiel verlore un no het min Frau gsait, ´s wär´ longsom on de Zit, dass ich min Wihnaachdsboschd erledige däd. ´S beschde wär´, het sie gsait, wenn ich zerschd ä Mol ufschriewe däd, wer alles Boschd bekomme soll, no kinnt ich mer d entschprechend Oonzahl Karde un Briefmarke kaufe. Nadirlig miasst ich die Karde no au no schriewe, het min Frau gsait. Ich war also net bsunders gued gschdimmt, wo ich mich zruckzooge hab, um des mit dere Lischd zu mache, ehrlich gsait, ich war on dem Dag kruzewiadig. Ich hab mi also in min Büro zruckzooge, hab zwei Fläschli Bier mitgnumme, ´s kinne awer au vieri gsi si.

Ich hab ä großes läär´s Babier vor mi no glegt un hab oogfonge ufzuschriewe, wer als Empfänger vunere Wihnaachdskard in Froog komme kinnt. Wer mer halt so iegfalle isch, den hab i ufgschriewe. Nochem dridde Fläschli Bier hab i schu iwer sächzig Nomme ufgschriewe ghet un war immer no net om End. Bi hundertvier isch mer no niemer mäh iegfalle. Was mer awer mit Schrecke iegfalle isch, war, dass wenn ich on die alli schriewe däd, des Gonze iwer zweihundert-fuffzig Mark koschde däd, wil ich bricht jo hundertvier Karde un hundertvier Briefmarke. No hab ich long iwerlegt un nochem vierte Bier war mer klar, dass ich ä baari vun minere Lischd schdriche mueß. Die erschde zwei, wo ich gschdriche hab, ware de Bundeskonzler un de Papschd. Wie die zwei uf min Lischd groote sin, war mer schu nimmi klar, wo ich sie gschdriche hab. Ich hab mer denkt, ´s wurd weder om Bundeskonzler noch om Papschd viel usmache, wenn sie vun mir kei Kard bekomme, un usserdem het bisher keiner vun dene zwei mir mol gschriewe. De nächschde, wo ich gschdriche hab, war de Bundesträner. Un no sin witeri Nomme minere Schdricherei zum Opfer gfalle, ich hab nämlich rigoros alli Verwondti us minere Lischd gschdriche. Wil d Verwondti, hab i mer denkt, die sieh ich jo iwer d Fierdi, no konn ich ihne jo mündlich ä schiin´s Feschd wünsche, un selli, wo ich net sieh, die konn i jo, wenn´s ubedingt si mueß, gschwind ooruefe. Ällei durchs Russchdriche vun de Verwondtschaft hab i faschd sächzig Mark iegschbart. So noch un noch het´s mer immer mäh Schbass gmacht, Nomme uf minere Lischd durchzuschdriche, ich bin prakdisch in en Vernichdungs-Rusch niigroote, was noch vier Bier au net verwunderlich war.

Un während ich so vor mich noogschdriche hab, isch mer au de Grund iegfalle, worum ich so ungern Wihnaachdskarde schrieb. Wil, wemer die Kardeschriewerei mol niachdern betrachtet, no isch des, wie wenn de friager in de Schuel als Schdrofarweid hundert mol de glichlig Satz hesch schriewe miasse. Hundert mol de glichlig Satz uf d Wihnaachdkarde schriewe, des isch wie ä Schdrofarweid, au wenn de immer widder abwechselsch zwische „gnadenreiche" un „gesegnete" Wihnaachde. Un meischdens isches jo au so, dass de im Lade net ä mol fuffzig underschiedlichi Karde bekommsch, un no muesch ewe zehn Karde mitere Winterlondschaft vorne druf kaufe, zehni miteme Donnezwieg un mitere Kerz, zehni miteme zerbrechliche Engel mit Posaun´, zehni miteme halbverhungerte Reh im Winterwald un zehni mitere Krippelondschaft ussem Middelalter.

Om Schluss sin no zwei Nomme uf minem Zeddel gschdonde. Awer no hab i denkt, worum soll i dene zwei jetz schriewe, wenn i alle ondere net schrieb? Schweren Herzens hab i no die zwei au gschdriche, wil entweder mach i des mit de Wihnaachdsboschd rächd odder gar net. Wo mi d Frau no gfroogt het, ob ich des mit dere Lischd gmacht hätt, no hab i gsait: Ja, des wär jetz au erledigt.

Verflixter Krischdbaum

Ledschd Johr war´s om vierezwonzigschde Dezember wie in de Johre vorher nix mitem Usschloofe. Min Frau het mi om achdi, also in aller Herrgoddsfriah, gweckt. Un sie het mi gweckt, wil sie gmeint het, ´s wär on de Zit, de Krischdbaum ufzuschdelle. Wie in jedem Johr war au im ledschde Johr de Baum firs Wohnzimmer z hoch. Un wie in jedem Johr isch nadirlig d Hondsäg´ net dert gläge, wo sie hätt´ leie solle. No hab i halt mitem alte, verroschdede Fuchsschwonz de Baum abgsägt.

Kurz druf bin i uffem Wohnzimmerbode gläge, um d Schruwe om Krischdbaumschdänder feschdzudrille, d Frau het de Krischdbaum ghowe. Wo i alli Schruwe feschddrillt ghet hab, het d Frau de Baum losglosse un vun owera gsait, de Baum däd schief schdieh, er däd noch links hänge. Also bin i widder under de Baum nataucht, hab d Schruwe widder ufdrillt. D Frau het de Baum ä wenge noch rächds druckt, un ich hab d Schruwe widder zuedrillt. De Baum däd immer no schief schdieh, sait min Frau kurz druf, un froogt mich allen Ernschdes, was ich denn do dunde mache däd, ich bricht doch bloß die Schruwe rächd zuedrille. Was meinsch, was ich d gonz Zit mach´, hab i vun unde ruf gsait. No däd ich des halt net richdig mache, sait min Frau, de Baum däd uf jede Fall immer noch schief schdieh, un zwar däd er jetz schiefer schdieh als vorher. No bin i vum Bode ufgschdonde un hab mer den Baum oogugct. Tatsächlich, er isch schief gschdonde. Do isch´s om beschde, sag ich, wenn ich den Baum nomol absäg, dass d Schniddflächi ewe isch. Wenn de meinsch, sait min Frau, awer ich glaub net, dass es dodurch besser wurd, sait min Frau. Om beschde isches, hab i zu minere Frau gsait, du machsch din Ärwed in de Kichi un ich schdell de Baum ällei uf.

Wo ich nochere halwe Schdund in d Kichi komme bin un min Frau nocheme Dischli gfroogt hab, het sie mi gfroogt, fir was i denn ä Dischli bricht. Ich bruch ewe ä Dischli, hab i gsait, un zwar uf de Schdell. Im Kinderzimmer wär ä Dischli, sait min Frau, un wo ich zu de Kichi nus bin, hab i no ghört, wie sie vor sich nogsait het, sie wott gar zu gern wisse, fir was i ä Dischli bruche däd. Kurz druf isch sie im Wohnzimmer gschdonde un rueft mit ziemlich schriller Schdimm: Was hesch du mit unserm Krischdbaum g´macht? Do kauf ich, sait sie, ä dieri Blaudonn un du machsch Kleiholz drus.

Ich gib jo zue, dass de Baum durch mehrmolig´s Absäge ä bissli klei wore isch, awer ich hab mi nadirlig verteidigt un gsait, dass wenn de Baum kleiner sei un uffeme Dischli schdieh däd, mer net so oft fäge miasst, wil d Noodle jo net uf de Bode falle däde.

Min Frau het awer nur de Kopf gschiddelt un isch wortlos gonge. Wo ich kurzi Zit schbäder in d Kichi komme bin un miner Audoschlissel gsuecht hab, froogt min Frau, fir was ich denn jetz d Audoschlissel bruche däd, ich soll doch zerschd mol des Krischdbaimli ferdig mache. Deswege bruch ich jo de Audoschlissel, sag ich, wil der Baum isch jetz so kropfig, dass unser Liachderkedd z long isch. Im iwrige, sag ich, wär ich fir normali Kerze, des elekdrische Zeig sei halt doch arg kinschdlich. Awer min Frau het sich uf kei witeri Diskussion ieglosse.

No hab i mi halt uf de Wäg in d Garasch gmacht, un wo ich s Gardedoor ufmach, rueft miner Nochber iwer de Gardehag riwer: Schiini Wihnaachde, wemer uns nimmi sähne. Du mich au, hab i zruckgruefe.

ZWEI FLÖTEN GEGEN FÜNF POSAUNEN

Ich war von Anfang an dagegen. Dies schien meine Tochter geahnt zu haben, denn ihren Plan unterbreitete sie zunächst ihrer Mutter. Ich erfuhr von dem Unternehmen erst, als schon alles perfekt war. Meine Tochter – neun Jahre alt – hatte im Jahr zuvor während der Adventszeit in der Fußgängerzone der Kurstadt Baden-Baden Musiker gesehen und gehört, die weihnachtliche Weisen spielten und von den Vorübergehenden Geld bekamen. Dieses Erlebnis schien sich ihr eingeprägt und im Laufe des Jahres zu dem Entschluss geführt zu haben, in der Adventszeit in jener Fußgängerzone auch zu musizieren. Es gelang ihr, den Nachbarjungen, der mit ihr zusammen seit zwei Jahren Flötenunterricht hatte, zu überreden, als ihr Partner bei diesem vorweihnachtlichen Konzert mitzuwirken. Ich hatte mich noch gewundert, dass die beiden in der letzten Woche des Monats November so häufig zusammen übten, während man sie sonst zum Üben zwingen musste.

Drei Tage vor dem Platzkonzert im Herzen der Weltstadt Baden-Baden erfuhr ich von dem Vorhaben und das wohl auch nur deswegen, weil sie jemanden benötigten, der sie nach Baden-Baden fuhr und nach Abschluss des Konzertes wieder nach Hause brachte. Wie gesagt, die beiden Mütter wussten schon lange Bescheid, meine Mitwirkung wurde erst erforderlich, als sich herausstellte, dass beide Mütter an diesem Tag keine Zeit haben würden, um nach Baden-Baden zu fahren. Als mir die Sache schonend beigebracht wurde, war ich sofort dagegen, aber ich konnte mich gegen zwei Frauen und zwei geradezu weihnachtskonzertsüchtige Kinder nicht durchsetzen. Ich betonte immer wieder, dass ich das nur unter Protest machen würde, ich könne es nämlich nicht einsehen und ich wolle es auch nicht einsehen, dass unsere Kinder als Bettler auftreten würden. Aber sie seien ja gar keine Bettler, erklärte man mir, sie würden ja etwas leisten, wenn sie ein Konzert geben würden. Meine Argumente, und es waren, wie ich fand, gute Argumente, hatten nicht den Hauch einer Chance.

Um den häuslichen und nachbarschaftlichen Frieden zu wahren, spielte ich schließlich den Chauffeur der beiden Künstler, allerdings, wie gesagt, unter schärfstem Protest, den ich durch beleidigtes Schweigen während der Fahrt zum Ausdruck brachte. Vor der Abfahrt hatte es nochmal eine leichtere Auseinandersetzung gegeben; denn als die beiden ins Auto einstiegen, hätte mich fast der Schlag gerührt. Die beiden waren angezogen wie Kinder aus allerärmsten Verhältnissen. Der Junge hatte Turnschuhe an, die vorne Löcher hatten, und meine Tochter trug einen Anorak, der sich bereits einige Zeit im Lumpensack befunden hatte.

Das würde dazugehören, sagten die beiden wie aus einem Munde, als ich begann, meinen Protest gegen diese Art Verkleidung zu formulieren. Je ärmlicher sie aussehen würden, umso mehr würden sich ihnen die Herzen der Menschen öffnen.

In Baden-Baden angekommen parkte ich mein Auto in der Tiefgarage des Kurhauses, und von dort aus machten wir uns auf den Weg in die Fußgängerzone. Ich hielt deutlichen Abstand zu den beiden, aber es schien sie überhaupt nicht zu stören, sie schienen genau zu wissen, was sie wollten. Vor einem Friseurgeschäft hielten sie an und begannen, ihren Notenständer aufzubauen. Meine Tochter sagte so nebenbei, ich solle doch im Café drüben warten, bis sie fertig wären, länger als zwei Stunden würden sie nicht flöten. Ich war sprachlos, aber was sollte ich tun? Im Weggehen sah ich noch, dass sie vor den Notenständer einen Hut auf den Boden legten und als Bewacher einen Teddybären neben den Hut setzten. Ich setzte mich im Café an einen Fensterplatz, bestellte ein Kännchen Kaffee und ein Kirschwasser. Eigentlich wollte ich Zeitung lesen, aber ich konnte mich nicht richtig konzentrieren. Immer wieder schaute ich aus dem Fenster, um zu sehen, was sich beim Weihnachtskonzert tat. Die beiden standen unten auf dem Platz und musizierten. Das Ganze lief vor meinen Augen ab wie ein Stummfilm. Ich sah sie die Notenblätter wenden und wieder festklemmen, ich sah Menschen aller Altersstufen, die Geld in den Hut warfen, ich sah, wie meine Tochter zwischenzeitlich den Hut leerte und das bisher erspielte Honorar in die Tasche ihres Anoraks steckte. Manche Leute blieben eine Weile stehen, um den beiden zuzuhören, einige redeten mit ihnen, wenn sie gerade eine Spielpause einlegten.

Die beiden sahen aus einiger Entfernung und durch die Scheiben des Cafés ziemlich ärmlich aus. Wenn ich sie nicht gekannt hätte, hätten sie sogar mir das Herz gerührt. Ein Bild der Unschuld, der Hingabe an die Musik, und dabei waren die beiden raffiniert und wussten genau, was sie wollten. Beim Aussteigen aus dem Auto in der Tiefgarage hatte meine Tochter mich um zwei Markstücke gebeten, sie bräuchten schließlich ein Anfangskapital für den Hut, die Vorübergehenden müssten den Eindruck gewinnen, dass andere bereits gespendet hätten. Jetzt saß ich schon über eine Stunde im Café, die beiden spielten noch immer, dabei beherrschten sie insgesamt nur acht Lieder. Mittlerweile hatte ich mich mit meinem Schicksal abgefunden und bestellte gerade das zweite Kännchen Kaffee, als ich bei einem flüchtigen Blick aus dem Fenster eine veränderte Situation erkannte. Zwar flöteten die beiden noch munter vor sich hin, aber zehn Meter von ihnen entfernt

hatte sich Konkurrenz eingefunden. Fünf Jugendliche
hatten dort Aufstellung genommen und die wollten
offensichtlich auch ein Weihnachtskonzert geben. Doch
die fünf packten keine Flöten
aus sondern Posaunen.
Meine beiden Musiker hat-
ten die Gefahr, die ihnen
drohte, noch nicht wahrge-
nommen, ich sah das Unheil
heraufdämmern. Die beiden
Flötenspieler hatten gerade
wieder ein Notenblatt ge-
wendet und mit Wäsche-
klammern am Notenständer
befestigt und wollten das
nächste Lied intonieren. Da
begannen die Posaunen. „Es
ist ein Ros entsprungen",
spielten die Posaunen, ich
konnte es durch das ge-
schlossene Fenster hören.
Das Flötenspiel der Kinder

hatte ich nicht gehört. Beim ersten Ton der Posaunen setzten die Flötenspieler
ihre Instrumente ab und blickten verwirrt zu den Blechbläsern hinüber. Sie hatten
wohl sofort erkannt, dass sie nunmehr keine Chance hatten.

Wie schon gesagt, ich war von Anfang an gegen das Weihnachtskonzert der
Kinder gewesen, aber jetzt war die Situation eine ganz andere. Ich spürte, wie ich
wütend wurde. Da werden zwei arme Flöten von fünf arroganten Posaunen einfach weggeblasen. Mir war klar, dass es jetzt an mir war, einzugreifen. Ich faltete
meine Zeitung zusammen, legte das Geld für zwei Kännchen Kaffee und ein
Kirschwasser nebst einem ordentlichen Trinkgeld neben meine Tasse, teilte dies
der Bedienung im Vorbeigehen mit und verließ das Café. Ich ging hinüber zur
ratlosen Flötistin und zum erschrockenen Flötisten und sagte zu ihnen: „Ganz

ruhig, regt euch nicht auf, ich werde die Sache regeln." Aus meinem Geldbeutel nahm ich meine Telefonkarte und steckte sie in die Brusttasche meines Hemdes, dann schritt ich auf die Posaunisten zu, die gerade eine ihrer Melodien zu Ende gebracht hatten. Ich baute mich vor ihnen auf, griff zur Brusttasche meines Hemdes, zog die Telefonkarte heraus und zeigte sie ihnen für einen kurzen Moment, eben nur so lange, dass sie die Karte nicht als das identifizieren konnten, was sie war. Mit ernstem Gesicht und einem nachdrücklichen Ton in der Stimme sagte ich: „Amt für Öffentliche Ordnung der Stadt Baden-Baden. Ich möchte sie bitten, mir ihre Genehmigung für Konzertieren auf öffentlichen Plätzen unserer Kommune zu zeigen." Die Gesichter der Posaunisten wurden so lang wie ihre Instrumente. „Falls sie diese gebührenpflichtige Genehmigung nicht eingeholt haben, ist ihr Tun eine Ordnungswidrigkeit, und ich muss sie auffordern, den Platz zu verlassen." Während die Posaunen verstaut wurden ging ich zu meinen Musikern hinüber und sagte zu ihnen: „Ihr könnt jetzt weiterspielen."

DER BETTLER IN DER LADENPASSAGE

Zwar möchte ich in einer Großstadt nicht auf Dauer leben, aber für einige Tage halte ich mich gerne in einer Weltstadt auf, ganz besonders, wenn es eine Weltstadt mit Herz ist. Eine Woche vor Weihnachten hatte ich beruflich in München zu tun, allerdings nur tagsüber. An den freien Abenden bummelte ich durch die Stadt, denn im Gegensatz zu manch anderen Menschen liebe ich den Lichterglanz der Vorweihnachtszeit, auch wenn er beim näheren Betrachten manchmal recht kitschig wirkt und mit dem eigentlichen Sinn des Festes nichts zu tun hat. Ich wohnte zwar in diesen Tagen in einem der Außenbezirke Münchens, aber mit der U-Bahn und der S-Bahn ist man schnell im Herzen der Stadt, am Marienplatz. An diesem Abend, von dem ich erzählen will, hatte es zu schneien begonnen, und die Plätze der Stadt waren bereits von einem Hauch von Weiß überzogen. Mein abendlicher Spaziergang hatte mich vom Marienplatz in die Theatinerstraße geführt und ich betrachtete die Schaufensterauslagen der vornehmen und teuren Geschäfte. Auch in den Schaufensterauslagen glitzerten Sterne und zwischen kostbarem Parfüm falteten Engel die Hände zum Gebet.

Fast wäre ich über den Mann gestolpert, der an der Ecke einer Ladenpassage saß. Obwohl es schneite und recht kalt war, saß er auf dem Boden, war in einen Mantel gehüllt und hatte die Hände tief in den Manteltaschen vergraben. Vor ihm auf dem Boden lag ein Hut, das Angelgerät der Bettler. Im Hut lag keine einzige Münze, und die Schneeflocken, die sich in den Hut verirrten, schmolzen rasch. Ich ging weiter. Wenn ich Bettler treffe, befällt mich immer ein Gefühl der Unsicherheit. Nicht dass ich Angst vor ihnen hätte, nein, aber in solchen Momenten weiß ich nie, ob ich etwas geben soll oder nicht. Ich ging weiter, aber in mir kämpfte es. Einerseits, so sagte es in mir, könnte der Bettler ein Tagedieb sein, der zu faul ist, um zu arbeiten, und andererseits, so sagte es in mir, könnte es wirklich ein bedürftiger Mensch sein, der auf die Hilfe der Mitmenschen angewiesen ist.

Ich war etwa zwanzig Schritte weitergegangen, dann kehrte ich um. Die Weihnachtssterne und die betenden Engel müssen wohl schuld gewesen sein. Ich ging zurück zu der Stelle, wo der Bettler saß und warf ihm, ich weiß nicht warum, zwanzig Mark in den Hut. Der Bettler schaute mich nicht an, er blickte fasziniert, fast etwas fassungslos, in den Hut, in dem jetzt der grüne Schein lag. Im Weggehen meinte ich noch ein „Vergelt's Gott" gehört zu haben. Nach einigen Schritten drehte ich mich noch einmal zum Ort meiner guten Tat um und sah, dass der Bettler aufgestanden war. Er klopfte sich die Nässe von seinem Mantel,

steckte den Geldschein in seine rechte Manteltasche und setzte dann den Hut auf. Ich ärgerte mich über mich selber. Zehn Mark hätten es auch getan, dachte ich. Schon fünf Mark wären genug gewesen, schalt ich mich.

Ich spazierte noch eine halbe Stunde durch die Stadt, dann begann ich zu frieren und suchte nach einem Lokal, um mich aufzuwärmen. Schließlich landete ich in der „Pfälzer Weinstube", einem Lokal in der Residenz. Ich war früher schon einmal dort gewesen, es gab in diesem Lokal neben einem gut sortierten Weinkeller die Besonderheit, dass auf den Holztischen Körbe mit Brot standen, und dieses Brot war für jeden Gast kostenlos. Es war noch nicht sehr spät, und das Lokal war noch nicht sehr gefüllt. Ich blickte mich nach einem Platz um und traute meinen Augen nicht. Am ersten Tisch am Fenster saß mein Bettler. Ich hatte zwar sein Gesicht nicht gesehen, als ich ihm das Geld in den Hut geworfen hatte, aber an die Gestalt erinnerte ich mich, auch an den Mantel und den Hut. Den Mantel hatte er an, den Hut trug er auf dem Kopf. Ihm gegenüber saß eine Gestalt, die ihm zum Verwechseln ähnlich sah, nur trug diese Gestalt einen Hut, auf dem ein Gamsbart befestigt war. Vor jedem der beiden stand ein Glas Wein, und jeder der beiden hatte ein Stück Brot in den Händen. Es schien den beiden zu schmecken.

Obwohl in dem Lokal noch Tische frei waren, ging ich auf den Tisch zu, an dem die beiden saßen, und fragte, ob ich Platz nehmen dürfe. Mein Bettler erkannte mich nicht. Die beiden schienen sich zu freuen, dass sich jemand zu ihnen setzte. Ich hatte gerade die Weinkarte in die Hand genommen, als mein Bettler zu mir sagte: „Darf ich sie einladen?" Ich schaute ihn an. Er hatte mich wirklich nicht erkannt. „Schauen sie doch nicht so skeptisch", sagte er, „ich habe Geld, ich kann bezahlen." Er griff in die rechte Manteltasche und legte meinen Zwanzigmarkschein auf den Tisch. Dann rief er der Kellnerin, die für unseren Tisch zuständig war, und bestellte für mich ein Viertel Wein. „Der Wein, den ich für sie bestellt habe, ist gut, sie können sich auf meinen Geschmack verlassen", sagte er. Die Kellnerin brachte den Wein, der Bettler und sein Kumpel prosteten mir zu.

Als mein Bettler sein Glas wieder abgestellt hatte, sagte er: „Das war heute Abend vielleicht ein Ding. Ich sitze in einer Ladenpassage in der Theatinerstraße und habe meinen Hut vor mir liegen. Da kommt ein Mann, ungefähr ihr Alter und ihre Figur, der fast über mich gestolpert wäre. Er entschuldigte sich, ging weiter, aber nach ein paar Schritten kehrte er um und warf mir das in den Hut." Er zeigte auf den Zwanzig-Mark-Schein. „Ich konnte es kaum glauben", fuhr er fort, „wirft der so mir nichts dir nichts zwanzig Mark in meinen Hut. Und ohne ein einziges Wort zu sagen, ging er weiter. Ich weiß zwar nicht, warum er das getan hat, es gibt aber nur zwei Möglichkeiten: entweder wollte er auf diese Weise sein schlechtes Gewissen armen Menschen gegenüber beruhigen oder er hat wirklich ein gutes Herz. Als der Spender weitergegangen war, nahm ich meinen Hut, dann bin ich zu meinem Kumpel gegangen und jetzt feiern wir Weihnachten. Denn ob wir an Weihnachten Geld zum Feiern haben, das ist nicht sicher. So hat mir einer mit den zwanzig Mark eine Freude gemacht, und jetzt kann ich meinem Kumpel und ihnen eine Freude machen. Das ist doch wirklich wie Weihnachten."

Es wurde ein schöner Abend, diese Vorweihnachtsfeier. Am Schluss war ich allerdings neben den gespendeten zwanzig Mark noch einiges mehr los, denn ich hatte zum Schluss die ganze Zeche bezahlt, die wir drei gemacht hatten, ich hatte die beiden eingeladen. Mir war einfach so. „Fröhliche Weihnachten!" riefen mir die zwei nach, als ich spät abends die S-Bahn bestieg. Sie hatten es sich nicht nehmen lassen, mich zur S-Bahn-Station zu begleiten.

IN LETZTER MINUTE

Ich weiß auch nicht so recht, warum ich es immer auf die letzte Minute ankommen lasse, wenn es um den Kauf von Weihnachtsgeschenken geht. Manche Psychologen würden wahrscheinlich sagen, dass ich den Menschen gegenüber, die ich beschenken will, eine unbewusste Abneigung hege, die mich immer wieder vom Einkaufen abhält. Ursache könnte auch sein, dass ich es nicht mag, zwischen Menschenmassen herum geschoben zu werden, und dass ich deshalb Kaufhäuser und Weihnachtsmärkte meide. Ich bin der Meinung, dass mir Einkaufen Spaß machen würde, wenn ich ein Kaufhaus ganz für mich alleine hätte. Da es das aber nicht gibt, kann ich den Beweis für die Richtigkeit meiner Meinung nicht antreten.

Vergangenes Jahr ging es beim Einkaufen recht flott. Nach einer Dreiviertelstunde hatte ich Geschenke für meine Kinder, für meine Eltern und sogar für meine Schwiegereltern. Nur für meine Frau hatte ich keine Geschenkidee. So wanderte ich von Schaufenster zu Schaufenster, um mich durch die Auslagen inspirieren zu lassen. Die Bildbände im Schaufenster der Buchhandlung waren recht dekorativ. Ein Bildband über Tibet würde eventuell Eindruck machen und auch meine Weltläufigkeit zeigen, aber soviel ich weiß, hat meine Frau mit Tibet nicht sehr viel im Sinn, und im Bücherregal steht schon ein Bildband über Tibet, den sich bisher noch niemand angeschaut hat. Der Bildband mit Gemälden von Chagall gefiel mir ausnehmend gut. Aber meine Frau mag Chagall nicht, weil seine Bilder soviel Blau haben, und die Farbe Blau mag sie nicht. Meine Frau mag italienische Maler. Doch da gibt es ja eine Menge, denn jeder Italiener, der nicht singt, der malt.

Singen – Schallplatte. Eine Schallplatte wäre vielleicht auch nicht verkehrt. Vor dem Schaufenster der Musikhandlung war mir, als sei ich vom Regen in die Traufe geraten. Da gab es ein „Klassik-Schaufenster", ein „Operetten-Schaufenster" und ein „Volksmusik-Schaufenster". Eine Gesamtaufnahme einer Oper vielleicht? Doch wann hat meine Frau einmal Zeit, sich eine komplette Oper anzuhören? Mir fehlt allerdings in meiner Verdi-Sammlung noch „Die Macht des Schicksals". Wenn ich diese Oper für meine Frau kaufe, dann habe ich auch etwas von dem Geschenk, ging mir durch den Kopf. Unvermittelt kam mir der Gedanke, ich könnte eine Leer-Kassette kaufen, selber einige Lieder singen und dann die besungene Kassette meiner Frau schenken. Aber um eine ganze Kassette zu besingen, kenne ich zu wenige Lieder und außerdem müsste ich ja bis zum Abend die Lieder aufgenommen haben. Dazu kommt, dass ich nicht gerade Gold in der Stimme habe.

Gold – das war´s. Ein Ring, eine Kette oder irgendetwas anderes vom Juwelier. Die Auslagen von Juweliergeschäften gefallen mir immer sehr gut, sie haben so etwas Vornehmes. Da funkelt und glitzert es verführerisch auf violettem Samt. Die Enttäuschung war groß. Das, was für mich erschwinglich gewesen wäre, gefiel mir nicht, und was mir gefiel, war zu teuer, obwohl einem ja für die eigene Frau nichts zu teuer sein sollte.

Ich weiß nicht, wie es geschah, aber plötzlich stand ich in einem Bekleidungshaus in der Damenabteilung.

„Was darf´s sein, der Herr?" fragte eine freundliche Verkäuferin.
„Also ich suche etwas für meine Frau, ich bin mir aber noch nicht schlüssig", antwortete ich. „Wenn ihnen ihr Mann etwas schenken würde, worüber würden sie sich am meisten freuen?"
Das Fräulein antwortete immer noch freundlich: „Ich bin nicht verheiratet." Dann fuhr sie fort: „Es ist sehr schwer, etwas zu empfehlen, und im übrigen ist es bei

Kleidern am besten, wenn die Person, für die das Kleidungsstück gedacht ist, selbst mitkommt."

„Ja, aber dann ist es doch keine Überraschung", wandte ich ein. „Wenn ich vielleicht eine Strickjacke nehmen würde, die lässt sich bestimmt dehnen, wenn ich nicht die richtige Größe erwische."

„Wie groß ist denn ihre Frau? Oder wissen sie, welche Kleidergröße sie hat?" fragte das Fräulein.

„Woher soll ich denn die Kleidergröße meiner Frau kennen?" dachte ich. Ich schaute mich im Geschäft um, ob nicht zufällig jemand da wäre, der in etwa meine Frau gliche. Ja, tatsächlich. Dort hinten im Geschäft stand eine Frau, die gerade einen Bademantel anprobierte. Sie hatte die Größe und die Figur meiner Frau. Ich sagte zu der Verkäuferin: „Wissen sie, es ist am besten, ich schaue mich zunächst einmal um, und dann entscheide ich mich."

Ich ließ die Verkäuferin stehen und bewegte mich zielsicher auf Umwegen zu der Frau hin, die Bademäntel anprobierte. Jetzt hatte sie einen Bademantel an, der mir sehr gut gefiel. „Diesen Mantel muss ich haben", fuhr es mir durch den Kopf. „Diesen und keinen anderen. Das ist das Geschenk des Jahres."

Ich ging wie zufällig auf die Frau zu und sagte: „Entschuldigen sie, dass ich mich einmische, aber der Bademantel, den sie vorhin anprobiert haben, stand ihnen viel besser als dieser hier."

Die Frau drehte sich um und sagte: „Meinen sie wirklich?"

„Aber sicher", sagte ich, „dafür habe ich einen Blick, wenn ich so unbescheiden sein darf."

Die Frau zog den Bademantel, den ich wollte, aus, ich nahm ihn ihr höflich ab mit dem festen Willen, diesen Bademantel nicht mehr aus der Hand zu geben. Die Frau schlüpfte in den Mantel, zu dem ich ihr geraten hatte.

„Wunderbar, zauberhaft, den müssen sie nehmen, der kontrastiert wunderbar zu ihrem dunklen Teint." Der Mantel war abscheulich. Sie schaute sich noch einmal im Spiegel an, dann lächelte sie mir zu und sagte: „Ja, der ist schön, den nehme ich. Vielen Dank für ihre Beratung."

„Nichts zu danken", sagte ich, „es war mir ein Vergnügen."

Meine Frau war am Heiligen Abend von meinem Geschenk begeistert, und der Bademantel passte. Meine Frau lächelte mich an und sagte: „Ich habe gar nicht gewusst, dass du meine Kleidergröße kennst."

„Aber das ist doch die Voraussetzung, wenn man so etwas kaufen will. Ich mache mir ja Gedanken, bevor ich etwas kaufe, und zwar schon lange vor Weihnachten", antwortete ich.

Verkäuferin wott ich net si

Immer widder in de Zit vor Wihnaachde bin ich richdig froh, dass ich vun Beruef net Verkäufer odder Verkäuferin bin, obwohl Verkäuferin kinnt ich jo gar net si, wil ich jo en Monn bin. Wie onderi Mensche au, war ich vor Wihnaachde underwägs, um Gschenke zu kaufe un au um onderi Sache firs Feschd iezukaufe, denn immerhin ware jo in dem Johr drei Fierdi hinderenonder un do bruchsch einiges, vor allem au zum Esse un zum Trinke. Un wenn de underwägs bisch zum Iekaufe, no bekommsch einiges mit, under onderem wurd der klar, dass es Mensche git, die sich in de Gschäfte unmöglich benemme. Middlerwilschd glaub ich, dass mer bim Iekaufstruuwel vor Wihnaachde de Charakter vume Mensche om beschde kennelährt.

Ums glich om Oofong zu sage: Ich hab in dene Vorwihnaachdsdäg mäh wie ei Siduazjun erläbt, wo ich, wenn ich Verkäufer gsi wär, dem Kunde odder de Kundin ebs on de Schädel gworfe odder ihn gezielt beleidigt hätt. Was ich au feschdgschdellt hab, des isch die Tatsach, dass Kundinne um einiges schwieriger sin als Kunde. Kundinne genn oft mit de Verkäuferinne un mit de Verkäufer um, als wäre´s die ledschde Dubber, sie kritisiere on allem rum, finde on allem ebs uszusetze, hen do en Sonderwunsch un dert au. Sicherlich git´s Verkäuferinne un Verkäufer, die net immer gued druf sin, awer wer isch des schu? Also ich kinnt net de gonze Dag freundlich si, wenn mich schdändig irgendwelche Kunde so vun owera behondle däde, als sei ich gar niemer, als sei ich ä Art Sklave, on dem mer siner gonze Fruschd uslosse konn.

Mit Sicherheit lähre die Verkäuferinne un Verkäufer in de Usbildung, dass Freundlichkeit un Höflichkeit unbedingt wichtig seie fir den Beruef. Un dodegege isch au nix iezuwende, des isch wirklich so, denn ich kauf au liawer bi ebber, der mich freundlich oolächelt als bi einem, der mir mitere finschdere Mien begegnet. Awer es isch faschd schu ä Unding, wenn ich als Verkäufer freundlich si soll, obwohl de Kunde kwengelig, arrogant un beleidigend isch un on allem ebs rumzumeckere het. Wenn de Lade voll isch, wenn jeder zuvorkommend un uf de Schdell bedient wäre will, wenn s Verkaufspersonal sich die gröschd Miah git un trotzdem schdändig kritisiert wurd, wenn de bis in de Oobend nii, wenn alli ondere schu Fierobend hen, on de Kass odder hinder de Thek schdähsch, un immer widder erklärt dir einer, dass er mit dem Sörwiss net zfriede sei, ich däd irgendwenn usraschde. Nadirlig isch Verkäufer un Verkäuferin ä Beruf un bim Usiabe vun dem Beruef verdient mer Geld, awer Milljonär wursch mit dem Verdienschd bschdimmt net.

Tipisch fir die Zit vor Wihnaachde isch, dass sich in de Kaufhiiser un in de Läde immer widder Schlonge bilde, Menscheschlonge nämlich. Mer gwinnt de Iedruck, dass de Mensch, der als Ebebild Goddes erschaffe wore isch, wie´s in de Bibel heißt, sich in de Zit vor Wihnaachde zume Deil vunere Schlong entwickelt. Un wer schu mol inere Schlong vorer Kass gschdonde isch, der het villichd gmerkt, dass ä Menscheschlong im Gegesatz zu de richdige Schlonge net om Kopf giftig isch, sondern om Schwonz. Om Schwonz vun de Menscheschlong wurd Gift abgsondert, dert wurd gmeckert un dert wäre Aggressjune ufbaut. Un die losst mer no on dene arme Verkäuferinne un Verkäufer us, wie wenn die on dene Menscheschlonge schuld wäre. Awer die kinne jo nix defir, wenn vorne in de Schlong einer on de Thek vun de Wurschdware sich net entscheide konn, ob er hundertfünfezwonzig Gromm odder hundertfuffzig Gromm Läwwerwurschd will, ob er jetz Kalbsläwwerwurschd will odder ähnder vun de grobe. Mir mache Menscheschlonge immer ä bissli Ongschd.

DAS SPRINGERLE DRAMA

Anisplätzchen, Zimtsterne und Butterplätzchen hatte meine Frau schon gebacken Hildabrötchen und Liebesgrübchen sollten noch folgen. Wie in den zwei vergangenen Jahren wollte sie auch in diesem Jahr auf Springerle verzichten, denn Springerle gelingen ihr nie besonders gut. Das Wochenende vor dem zweiten Adventssonntag verbrachte meine Frau mit den Kindern bei meinen Schwiegereltern, mich ließ man zuhause zurück, da ich als Gast nicht besonders tauge.

In der Küche auf der Eckbank lagen noch die Koch- und Backbücher herum, und ich blätterte am Freitagabend nach meinem Abendessen in diesen Büchern, denn ich war im Moment zu faul, aufzustehen und den Tisch abzuräumen. Plötzlich sah ich in einem der modernen Backbücher Springerle abgebildet, wunderschöne Springerle auf einem Hochglanzfoto. Unter dieser Abbildung stand: „Springerle, siehe S. 38". Ich schlug die angegebene Seite auf und studierte zunächst, was man an Zutaten benötigt, um Springerle zu backen. Da stand zu lesen: „Zwei kleine Eier, 200 g Puderzucker, ein Päckchen Vanillezucker, 250 g Mehl, eine Messerspitze Backpulver, ein bis zwei EL Anissamen." Ich lese selten in Koch- oder Backbüchern, deshalb waren mir manche Angaben nicht geläufig. Was zum Beispiel bedeutete die Abkürzung „EL"? Im ganzen Kochbuch gab es keine Seite, auf der Abkürzungen erklärt wurden. Wer solche Bücher macht, sollte doch auch an Anfänger denken. Vielleicht hieß EL Eisenlöffel; im Alten Testament, das wusste ich als Theologe, war EL der Name Gottes. Inzwischen war ich in unsere Speisekammer gegangen, um nach Anissamen zu suchen. Ich fand ein Glas mit der Aufschrift „Anis", brauchte aber laut Buch Anissamen. Ich ging zum Küchentisch zurück und blätterte in einem älteren Kochbuch. Dort stand unter der Überschrift „Springerle": „250 g frische Eier (mit der Schale gewogen), 500 g Staubzucker, 500 g trockenes, besonders gutes Mehl, ein Esslöffel Anis." Damit waren die beiden Hauptprobleme gelöst: EL bedeutete Esslöffel, und nach dem alten Kochbuch konnte man Anis verwenden, es musste also nicht unbedingt Anissamen sein. Staubzucker und Puderzucker waren hoffentlich dasselbe, aber warum verlangte das moderne Kochbuch Vanillezucker und Backpulver und das alte nicht?

Die Mengenangaben im neuen Kochbuch waren wohl für weniger Springerle als die im alten. Aber für den Anfang brauchtes ja auch nicht allzu viel Springerle zu sein. In mir war der Entschluss gereift, Springerle zu backen. Da meine Frau für gewöhnlich über einen gut sortierten Haushalt verfügt, fand ich auch rasch alle nötigen Zutaten. Ich räumte den Küchentisch ab, stellte die Zutaten und das

Backbrett bereit, ebenso das Rührgerät, den Messbecher, das Springerle-Model und eine Schüssel. Es konnte losgehen. Ich nahm aus dem Eierkarton acht Eier heraus, und legte sie auf den Tisch, um die beiden kleinsten auszuwählen. Das Problem war, dass alle Eier gleich groß waren, vier Eier waren weiß, vier Eier waren bräunlich. Zur Vorsicht nahm ich zwei weiße Eier, denn die Springerle sollten ja weiß und nicht braun werden.

„Eier schaumig rühren" stand im Kochbuch. Ich begann mit dem Rührgerät auf Stufe I zu rühren. Als nach einiger Zeit immer noch nichts schaumig war, erhöhte ich die Rührgeschwindigkeit. Als die gerührten Eier schaumig zu sein schienen, schüttete ich Zucker und Vanillezucker dazu und rührte weiter, jetzt sollte das Ganze cremig werden. War das jetzt cremig, was ich in der Schüssel hatte? Ich beschloss, dass es cremig sei. Im Messbecher hatte ich 225 g Mehl abgemessen, 25 g würde ich zum Bestreuen des Backbrettes benötigen. Das Mehl wurde jetzt zusammen mit dem Backpulver gesiebt und in die Eicreme eingerührt. Dass man das Mehl sieben musste, fand ich überflüssig, denn Mehl ist ja eigentlich fein genug. Aber wenn´s im Kochbuch steht, dann muss man es wohl machen. Die Masse in der Schüssel wurde fester, ich schien es offensichtlich geschafft zu haben, die Masse fühlte sich wirklich wie Teig an. Ich nahm das, was ich bisher angerichtet hatte, aus der Schüssel und begann es auf dem Backbrett zu kneten. Nach kurzer Zeit stand mir der Schweiß auf der Stirn, denn Kneten ist ziemlich anstrengend, und ich wollte ja alles gut durchkneten. „Den Teig einen Zentimeter dick ausrollen" befahl das Kochbuch. Wie dick ist ein Zentimeter? Zur Vorsicht holte ich einen Meterstab. Ein Zentimeter war dünner, als ich gedacht hatte.

Da lag er jetzt, der ausgerollte Teig. Ich war stolz auf mich. Zur Belohnung genehmigte ich mir ein Gläschen Kirschwasser, das Kirschwasser war von der Linzertorte her noch übrig. Meine Frau würde Augen machen, wenn sie die Springerle sehen würde. Nachdem ich noch einen Schnaps getrunken hatte, setzte ich zum Endspurt an. Ich drückte den mit Mehl ausgepinselten Model in den Teig, hob den Model ab und schnitt den überstehenden Teig ab. Wunderbar! Das würde wunderbare Springerle geben. Nun befolgte ich die nächste Anweisung: „Mit dem Muster nach oben auf ein gefettetes, mit Anissamen bestreutes Backblech setzen." Es war ein einmalig schönes Bild, dieses Backblech voller zukünftiger Springerle. Unter der Backanleitung stand: „30 bis 35 Minuten, E-Herd 140 bis 150 Grad." Als ich das Backblech in den Ofen schob, sagte ich triumphierend vor mich hin: „Frau, dir werde ich es zeigen, zu was ich backmäßig in der Lage bin." Eigentlich konnte jetzt nicht mehr viel passieren. Was noch zu tun war, war Sache des Ofens. Ich ging ins Wohnzimmer und schaute mir im Fernsehen den Freitagskrimi an. Nach 35 Minuten klingelte der Wecker, den ich vorsichtshalber gestellt hatte.

Ich ging in die Küche. Dem Duft nach war alles gelungen. Als ich aber einen ersten Blick durch das Sichtfenster in den Backofen warf, traten mir fast die Tränen in die Augen. Was da auf dem Blech lag, sah allem ähnlich, nur nicht den Springerle auf der Abbildung im Kochbuch. „Verdammter Mist!" Ich nahm das Blech aus dem Ofen und nahm den direkten Weg zum Mülleimer. Mit einem Messer musste ich das verunglückte Gebäck abkratzen. Als ich meinen Traum im Mülleimer versenkt hatte, deckte ich die Bescherung mit anderem Müll zu. „Blödes, saudummes Kochbuch! Ich hab doch gemacht, was angegeben war." Ich war fest entschlossen, auch das Kochbuch in den Mülleimer zu werfen, als mein Blick auf einen Satz fiel, den ich in meinem Eifer übersehen hatte: „Die Springerle 24 Stunden in einem warmen Raum trocknen lassen, dann backen."

Aber du, Betlehem-Efrata, so klein unter den Gauen Judas,
aus dir wird mir einer hervorgehen, der über Israel herrschen soll.
Er wird auftreten und ihr Hirt sein in der Kraft des Herrn,
im hohen Namen Jahwes, seines Gottes.

Micha, 5, 1. 3

4 MAN NENNT ES DAS HEILIGE LAND

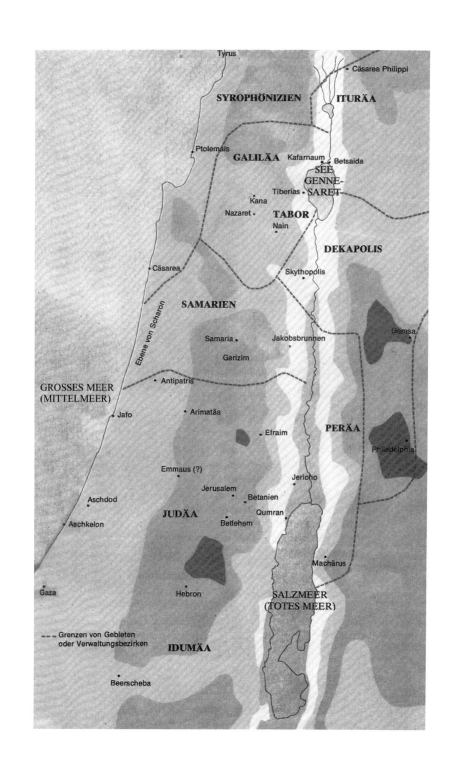

Tyrus

Cäsarea Philippi

SYROPHÖNIZIEN **ITURÄA**

Ptolemaïs

GALILÄA Kafarnaum Betsaida

SEE
GENNE-
SARET

Kana Tiberias

Nazaret **TABOR**

Nain

DEKAPOLIS

Cäsarea Skythopolis

SAMARIEN

Samaria Jakobsbrunnen

Garizim

Gerasa

Ebene von Scharon

Antipatris

**GROSSES MEER
(MITTELMEER)**

Jafo

Arimatäa

Efraim

PERÄA

Philadelphia

Emmaus (?)

Jericho

Jerusalem

Aschdod

Betanien

Qumran

JUDÄA Betlehem

Aschkelon

Machärus

Gaza

Hebron **SALZMEER
(TOTES MEER)**

— — Grenzen von Gebieten
oder Verwaltungsbezirken **IDUMÄA**

Beerscheba

ZUR GEOGRAFIE DES LANDES

Etwas vage umschreibt das Wort Palästina den Schauplatz, auf dem sich die Geschichte des Volkes Israel mit seinem Gott abspielte (auch heute noch abspielt?). Heilig ist dieses Land, drei Religionen haben hier ihre heiligen Stätten: Judentum, Christentum, Islam. Geographisch lässt sich Palästina beschreiben als das Land, das begrenzt ist im Westen vom Mittelmeer, im Osten von der syrisch-arabischen Wüste, im Norden vom Libanon und im Süden vom Toten Meer.

Palästina wird durchzogen vom syro-afrikanischen Graben, in dem der windungsreiche, 320 km lange Jordan fließt, vom See Gennesaret im Norden zum Toten Meer, einem Binnengewässer. Das Jordantal stellt den tiefsten Grabenbruch der Welt dar; der See Gennesaret liegt 212 m unter dem Meeresspiegel, das Tote Meer 392 m. Die syro-arabische Wüste östlich von Palästina, eine steinige Steppe, liegt im Durchschnitt 600 m über dem Meer. Regen aus dem Westen gelangt selten bis dorthin. Die Küste im Westen Palästinas bietet der Schifffahrt wenig natürliche Häfen, so dass das Land am ehesten von Norden und Süden zugänglich ist. Diese Nord-Süd-Linie war auch die Verbindung zwischen den beiden bedeutenden Kulturen des Altertums: Mesopotamien und Ägypten.

Während des Sommers – von Mitte März bis Mitte September – regnet es in Palästina so gut wie nicht; umso wichtiger für das Wachstum ist der zuweilen sehr starke Tau. Während der übrigen Monate regnet es in reichem Maße. Besonders die erste und letzte Regenperiode sind für eine gute Ernte unentbehrlich. Klimatisch gehört Palästina zur subtropischen Zone. Das Leben der Natur spiegelt sich in den Göttersagen Kanaans und Syriens. Vorgeschichtliche Funde erweisen vor allem den Karmel und Galiläa als uraltes Siedlungsgebiet. Die älteste städtische Siedlung ist Jericho im Jordantal.

TIER- UND PFLANZENWELT

Auf den ersten Blick scheint es abwegig, auf die Tier- und Pflanzenwelt Palästinas einzugehen. Doch zur Zeit Jesu bestand eine enge Beziehung des Menschen zu Tieren und Pflanzen. Das Wachsen und Sterben in der Natur, die Gefahren, die von ihr ausgingen, beeindruckten die Menschen; ihre Sprache schöpfte aus dieser Beziehung, die Gleichnisreden des Neuen Testamentes zeigen es deutlich.

Boot auf dem See Genesareth

Unter den Fruchtbäumen Palästinas sind der Olivenbaum und der Feigenbaum die wichtigsten. Diese beiden Bäume spendeten nicht nur Nahrung, sie brachten auch Reichtum, denn mit ihren Früchten wurde Handel getrieben. Den Alten galt der Olivenhain als besonders schön, der Olivenbaum fehlte in keinem Dorf, an manchen Orten bildeten die Olivenbäume kleine Wälder. Der Feigenbaum bietet den größten Teil des Jahres genießbare Früchte und zeichnet sich durch seine Lebenskraft und Genügsamkeit aus. In den Küstengebieten und stellenweise auch im Jordantal reifen Dattelpalmen. Häufiger als die Dattelpalme ist der Maulbeerfeigenbaum. Der Weinstock, der schon recht früh in Palästina eingeführt wurde, gedeiht prächtig. Im alten Palästina hatte er so große volkswirtschaftliche Bedeutung, dass sich Weinstock und Traube auf den Münzen des Landes finden. Noch heute stößt man in den ödesten Gegenden auf Spuren von Weinkeltern und Weinbergterrassen.

Im heutigen Land westlich des Jordan sind Wälder eine große Seltenheit, nur in Galiläa finden sich noch Baumbestände, die man mit einigem Recht Wälder nennen kann. Sie setzen sich zusammen aus Kermeseichen, Steineichen und Terebinthen. Doch meist entwickeln sich diese Arten nur zu einem höheren Gebüsch, da die Ziegen die Schösslinge als Nahrung schätzen. Weitere Baumarten sind Tamariske, Zypresse, Johannisbrotbaum und Pinie. Einst bedeckten Zedernwälder die Höhen des Libanon. Heute ist die Zeder selten geworden. Sie steht der Lärche am nächsten, trägt immergrüne Nadeln und breitet ihre Äste schirmförmig aus.

Unter den Haustieren an erster Stelle steht das Rind. Die Ebenen an der Küste sowie die Ebenen Jesreel und Basar sind zur Schafzucht geeignet. Im großen Stil war und ist die Schafzucht im Ostjordanland zu Hause. Das Schaf, das in Palästina gehalten wird, ist das Fettschwanzschaf. Die Ziegen sind schwarz oder braun, haben lange Haare und nieder hängende Ohren. Sie fehlen in keinem Dorf. Man zog sie oft den Schafen vor, denn sie kommen im wasserarmen Bergland leichter vorwärts, klettern besser an den steilen Berghängen und finden auch dort noch ihr spärliches Futter. Ziegenmilch war eines der Hauptnahrungsmittel, junge Böcke galten als Leckerbissen. Das Haar der Ziegen wurde zu groben Stoffen, besonders zu Zeltdecken verwoben.

Das Kamel diente im Bergland zum Transport schwerer Lasten, der Nomade der Steppe schätzte es als Reittier. Bei den Nomaden wurde der Reichtum eines Mannes nach der Größe seiner Kamelherde bemessen. Die Wolle des Kamels wurde verarbeitet, die Milch getrunken, das Fleisch gegessen.

Noch heute ist das eigentliche Reittier der Esel. In alter Zeit wurde der Esel dem Pferd vorgezogen, das hauptsächlich im Krieg eingesetzt wurde. Wilde Tiere gab es reichlich: Reh, Bär, Dachs, Schakal, Löwe, Panther, Antilope, Fuchs, Gazelle, Steinbock, Wolf, Hyäne und Adler.

Der See Gennesaret und der Jordan waren fischreich. Als Kriechtiere sind vor allem die Schlangen zu nennen; auffallend ist der Reichtum an Eidechsen. Unter den Insekten litt das Land, Skorpione fanden sich fast unter jedem Stein. Die Heuschrecken, von denen es etwa vierzig Arten gibt, waren und sind eine Landplage. Besonders die Wanderheuschrecken, die in dichten Schwärmen aus Zentralarabien kommen, fressen im Nu alles kahl. Wie in alter Zeit werden auch heute noch Heuschrecken von vielen Menschen gegessen. Von Johannes dem Täufer lesen wir, er habe sich von Heuschrecken und wildem Honig ernährt (Mt 3,4).

BIBLISCHE ORTSANGABEN

BETHLEHEM | Geburtsort Jesu: „So zog auch Josef von der Stadt Nazaret in Galiläa hinauf nach Judäa in die Stadt Davids, die Bethlehem heißt; denn er war aus dem Haus und Geschlecht Davids ... Als sie dort waren, kam für Maria die Zeit ihrer Niederkunft." (Lk 2)

JERUSALEM | Die Stadt, in der sich das Leiden, der Tod und die Auferstehung ereignen. Jerusalem ist der Ort des Tempels der Juden. (Mt 26-28)

BETANIEN | Heimat von Lazarus, Marta und Maria, sowie von Simon dem Aussätzigen. „Als Jesus in Betanien im Haus Simon des Aussätzigen bei Tisch war, kam eine Frau mit einem Alabastergefäß voll echtem, kostbarem Nardenöl, zerbrach es und goss das Öl über sein Haar." (Mk 14)

EMMAUS | Der Auferstandene erscheint den beiden Jüngern und sie erkennen ihn am Brotbrechen. „Am gleichen Tag waren zwei von den Jüngern auf dem Weg in ein Dorf namens Emmaus ..."(Lk 24)

JERICHO | Jesu Begegnung mit dem Zöllner Zachäus. „Dann kam er nach Jericho und ging durch die Stadt. Dort wohnte ein Mann namens Zachäus; er war der oberste Zollpächter und war sehr reich."(Lk 19)

ARIMATÄA | Heimat von Josef, dem Mitglied des Hohen Rates. „Damals gehörte zu den Mitgliedern des Hohen Rates ein Mann namens Josef, der aus der jüdischen Stadt Arimatäa stammte ... Er ging zu Pilatus und bat um den Leichnam Jesu:" (Lk 23)

CÄSAREA | Gewöhnlich Residenz des römischen Statthalters, der nur ab und an nach Jerusalem kam.

NAIN | Erweckung des Sohnes einer Witwe vom Tod. „Einige Zeit später ging er in eine Stadt namens Nain; seine Jünger und eine große Menschenmenge folgten ihm. Als er in die Nähe des Stadttores kam, trug man gerade einen Toten heraus. Er war der einzige Sohn seiner Mutter, einer Witwe." (Lk 7)

NAZARET	Wohnort der Familie Jesu, hier lebte Jesus bis zu seinem öffentlichen Auftreten. „Pilatus ließ auch ein Schild anfertigen und oben am Kreuz befestigen; die Inschrift lautete: Jesus von Nazaret König der Juden". (Joh 19)
KANA	Hier wirkt Jesus sein erstes Wunder. „Am dritten Tag fand in Kana in Galiläa eine Hochzeit statt, und die Mutter Jesu war dabei. Auch Jesus und seine Jünger waren zur Hochzeit geladen. Als der Wein ausging, sagte die Mutter Jesu zu ihm: „Sie haben keinen Wein mehr." (Joh 2)
SEE GENNESARET	Jesus stillt den Seesturm (Mt 8), Geschichte vom wunderbaren Fischfang (Lk 5), Jesu Gang über das Wasser: „In der vierten Nachtwache ging er auf dem See zu ihnen hin, wollte aber an ihnen vorübergehen. Als sie ihn über den See gehen sahen, meinten sie, es sei ein Gespenst, und schrieen auf. Alle sahen ihn und erschraken. Doch er begann mit ihnen zu reden und sagte: Habt Vertrauen, ich bin es; fürchtet euch nicht. Dann stieg er zu ihnen ins Boot…" (Mk 6)
BETSAIDA	Stadt der Apostel Petrus, Andreas, Jakobus, Johannes und Philippus. (Mt 4)
KAFARNAUM	Beginn des öffentlichen Wirkens Jesu; Schauplatz zahlreicher Reden und Wunder. „In Kafarnaum lebte ein königlicher Beamter; dessen Sohn war krank. Als er hörte, dass Jesus von Judäa nach Galiläa gekommen war, suchte er ihn auf und bat ihn, herabzukommen und seinen Sohn zu heilen; denn er lag im Sterben." (Joh 4)
CÄSAREA PHILIPPI	Glaubensbekenntnis des Petrus. „Als Jesus in das Gebiet von Cäsarea Philippi kam, fragte er seine Jünger: Für wen halten die Leute den Menschensohn? Sie sagten: Die einen für Johannes den Täufer, andere für Elija, wieder andere für Jeremia oder sonst einen Propheten. Da sagte er: Ihr aber, für wen haltet ihr mich? Simon Petrus antwortete: Du bist der Messias, der Sohn des lebendigen Gottes!" (Mt 16)

STATIONEN DER GESCHICHTE
DES VOLKES ISRAEL

Um 1900 – 1700 v. Chr.:
Zeit der Patriarchen. Mit Abraham, der auf Gottes Geheiß seine Heimat Ur im Mündungsgebiet von Euphrat und Tigris verlässt und in das Land Kanaan zieht, beginnt die Geschichte des Volkes Israel. Nach Abrahams Tod übernimmt Isaak die Leitung der Sippe. Sein Sohn Jakob, mit dem Beinamen Israel, ist der Vater von zwölf Söhnen, aus deren Großfamilien sich später die zwölf Stämme Israels entwickeln. Ein Teil wird in Ägypten ansässig.

Um 1300 v. Chr.:
Unter der Führung des Moses beginnt der Exodus der Stämme aus Ägypten und die vierzigjährige Wanderung zurück in das Land der Väter Abraham, Isaak und Jakob.

1250 – 1020 v. Chr.:
Die Zeit der Richter. Unter Josua gelangen die Israeliten in das „Gelobte (= den Vätern von Gott versprochene) Land". Die eroberten Gebiete werden unter den zwölf Stämmen aufgeteilt. Nur in Notzeiten schließen sie sich zu gemeinsamen Aktionen zusammen, angeführt von den Richtern. Die Richter, vom Volk gewählte Führer, handeln zugleich im Auftrage Gottes. Berühmte Richter: Gideon, Samson.

1020 – 932 v. Chr.:
Königtum unter Saul, David und Salomon. Da die Philister den uneinigen Stämmen des Volkes Israel immer mehr zur Gefahr wurden, entstand im Volk der Ruf nach einem einheitlichen Königtum. Unter David erreicht dieses „Reich Israel" seine größte Ausdehnung. Nach dem Tode Salomons zerfällt es in das südliche Königreich Juda und das nördliche Königreich Israel, die einander heftig bekämpfen.

932 – 586 v. Chr.:
Die Zeit bis zur Babylonischen Gefangenschaft. Die Schwäche, die aus der Teilung und den Rivalitätskämpfen resultiert, macht das Nordreich und das Südreich zum Spielball der Nachbarvölker. Die Warnungen der Propheten blieben ungehört, einige werden verfolgt. 772 endet das Nordreich mit der Eroberung der Hauptstadt Samaria durch den assyrischen König Sargon II. 586 folgt das Ende des Südreiches, Jerusalem wird durch den babylonischen König Nebukadnezar eingenommen. Die „oberen Schichten" seiner Bevölkerung werden in die Babylonische Gefangenschaft verschleppt. Sie dauert 50 Jahre. Der Perserkönig Cyrus gestattet 538 den Juden die Rückkehr und den Wiederaufbau Jerusalems.

538 – 30 v. Chr.:

Das Volk der Juden erholt sich nicht mehr. 332 gerät es unter die Herrschaft Alexanders des Großen. Von 320 – 168 herrschen die syrischen Seleukiden. Schließlich wird Jerusalem 63 v. Chr. durch den römischen Feldherrn Pompejus erobert. Palästina wird römische Provinz.

Römische Münze

Römische Standarte

ZEITTAFEL DER RÖMISCHEN HERRSCHAFT

30 v. Chr.– 10 n. Chr.: OKTAVIANUS AUGUSTUS ist Kaiser des römischen Reiches

37 – 4 v. Chr.: HERODES I., der Große, - von Roms Gnaden – König von ganz Palästina; prachtvoller Wiederaufbau des Tempels in Jerusalem; er teilt das Reich unter seine drei Söhne auf: Archelaus erhält Juäa, Idumäa und Samarien, Antipas erhält Galiläa und Peräa, Philippus erhält Ituräa und andere Gebiete in Nordostjordanien

6 n. Chr.: ARCHELAUS wird entthront; sein Herrschaftsgebiet kommt unter direkte römische Verwaltung

6 – 15 n. Chr.: HANNAS ist Hoherpriester

6 – 7 n. Chr.: QUIRINIUS, Statthalter von Syrien

14 – 37 n. Chr. TIBERIUS, Kaiser von Rom

26 – 36 n. Chr.: PONTIUS PILATUS ist römischer Prokurator in Judäa

VOM KAISER AUGUSTUS GINGEN
DIE BEFEHLE AUS

Es war eine Zeit der Fremdherrschaft. Augustus war Kaiser in Rom, Palästina war eine römische Provinz, die Römer hatten das Land der Juden 63 v. Chr. ihrem Machtbereich einverleibt. Das jüdische Volk konnte zunächst unter der römischen Herrschaft seine Religion ungestört ausüben. Die Rücksichtnahme auf seine religiösen Empfindungen gingen sehr weit. So pflegten römische Truppen in Jerusalem einzuziehen, ohne die für die Juden anstößigen Kaiserbilder mit sich zu führen. Einzelne Statthalter wie Pontius Pilatus indes verhielten sich anders und provozierten die Juden.

Der römische Statthalter residierte in der Hafenstadt Cäsarea. Er war militärischer Oberbefehlshaber und verantwortlich für das Aufkommen der Steuern und der Zölle, die von jüdischen Pächtern einzutreiben waren. Die oberste Gerichtsbarkeit lag ebenfalls beim Statthalter, auch wenn der „Hohe Rat" zu Jerusalem nach wie vor die Gerichtsbarkeit für religiöse Vergehen behielt und hier selbst die Todesstrafe aussprechen konnte. Polizeigewalt zur Aufrechterhaltung der öffentlichen Ordnung und das „Schwertrecht" standen allerdings nur der römischen Justiz zu. Das Volk ertrug die Fremdherren nur widerwillig. Geringe Anlässe genügten, um passiven oder aktiven Widerstand des Volkes auszulösen.

RELIGIÖSE GRUPPEN IN ISRAEL

Vier Gruppen kennzeichnen das religiöse Leben Israels zur Zeit Jesu.

DIE SADDUZÄER Zu ihnen gehörten vor allem die Priester, das reich gewordene Bürgertum und der Landadel. Sie hatten eine unangefochtene Autorität über den Tempel und im Hohen Rat die Mehrheit. Sie waren mit den Römern verbündet und öffneten sich der hellenistischen Kultur.

Sie glaubten nicht an eine Auferstehung des Leibes und an eine Existenz von Engeln und Dämonen.

DIE ZELOTEN Aus religiösen Gründen ging es dieser Gruppe um nationale Unabhängigkeit von den Römern. Sie betrieben mit Leidenschaft den bewaffneten Kampf gegen die römische Fremdherrschaft. Ihre Entschlossenheit ging so weit, dass sie lieber sterben wollten, als sich dem römischen Joch unterwerfen. Zelotische Gedanken gab es auch im Jüngerkreis Jesu. Das Wort Zelot kommt vom griechischen Wort „zelotes", was auf Deutsch „Eiferer" heißt.

DIE PHARISÄER Das Volk achtete diese Gruppe sehr wegen ihrer strengen Lebensweise. Dennoch waren sie zahlenmäßig geringer und weniger einflussreich als die Sadduzäer. Ihr Ziel war es vor allem, die Kenntnis und Beobachtung des Gesetzes zu fördern. Sie versuchten das alte Gesetz auf die veränderten Zeitgegebenheiten anzuwenden, ohne am „Buchstaben" zu rütteln. Sie lehnten die römische Fremdherrschaft ab, verhielten sich aber politisch neutral.

DIE ESSENER Im Neuen Testament ist von ihnen nicht die Rede. Von ihrem Leben wissen wir durch die sensationellen Handschriftenfunde am Nordwestufer des Toten Meeres bei Qumran nach dem Zweiten Weltkrieg. Sie führten ein streng abgesondertes Leben in kleinen, mönchsähnlichen Gemeinden in der Wüste. Sie verhielten sich politisch und gesellschaftlich abstinent und warteten auf eine große Erlösungstat Gottes.

WANN KOMMT, DER UNS IST ZUGESAGT?

Messias bedeutet der „Gesalbte" Gottes – im kultischen und übertragenen Sinne. In der Königszeit entsteht aus der Kritik am bestehenden Königtum, in Verbindung mit dem Glauben an Jahwes Heilszusagen, die Hoffnung auf einen künftigen Messiaskönig. Im Laufe der Zeit verschärft sich die Kritik und die Hoffnung wächst. Einer der Höhepunkte der Messiaserwartung sind die Prophetien des Jesaja (gestorben um 700 v. Chr.).

Jerusalems Zerstörung (586 v. Chr.), der Zusammenbruch des Königtums und das Exil des Volkes Israel schaffen neue Voraussetzungen: Auf einen König kann sich die Hoffnung offensichtlich nicht mehr richten. Ab diesem Zeitpunkt geht die Messiaserwartung in drei unterschiedliche Richtungen:

* Einige erhoffen trotz allem eine Wiederherstellung der politischen Macht Israels. Sie sehen sich bestätigt durch den Beginn der Herrschaftszeit der Makkabäer (167 v. Chr.), pflegen später den Hass gegen die römische Besatzungsmacht (ab 64 v. Chr.) und ihre Kollaborateure, und erklären Bar Kochba, den Führer des letzten ohnmächtigen Aufstandes (132 – 135 n. Chr.) zum Messias.

* Andere hoffen, dass wenn das Volk nur geduldig, gewaltlos und bei großer Gesetzestreue ausharre, dann werde Gott den Messias zur Rettung senden. Diese Haltung vertraten die Leute von Qumran, die Essener.

* Eine dritte Erwartung ist geprägt vom Bild des Gottesknechtes, der nicht nur Israel wieder aufrichtet, sondern allen Völkern der Erde zum Heil wird: „Es ist zu wenig, dass du mein Knecht bist, nur um diese Stämme Jakobs wieder aufzurichten und die Verschollenen Israels wieder heimzuführen. Ich mache dich zum Licht für die Völker, damit mein Heil bis ans Ende der Erde reicht." (Jesaja 49,6)

Paulus spricht in seinen Briefen oft von Christus Jesus. Christus (= griech.: der Gesalbte) ist nicht ein Eigenname, sondern eine Kennzeichnung, ein Titel. Jesus ist der Retter, um den im auserwählten Volk immer wieder gebetet worden ist, in ihm sind die Hoffnungen Israels auf einen königlichen Retter erfüllt. Doch die Erfüllung sah anders aus, als viele es erwartet hatten. Es war kein Retter, der mit militärischer oder politischer Macht kam, der Gesalbte Gottes ging den Weg des Dienens und der Ohnmacht.

Das Volk, das im Dunkel lebt,
sieht ein helles Licht;
über denen, die im Land der Finsternis wohnen,
strahlt ein Licht auf.
Du erregst lauten Jubel
und schenkst große Freude.
Man freut sich in deiner Nähe,
wie man sich freut bei der Ernte,
wie man jubelt,
wenn Beute verteilt wird.
Denn wie am Tag von Midian
zerbrichst du das drückende Joch,
das Tragholz auf unserer Schulter
und den Stock des Treibers.
Jeder Stiefel, der dröhnend daherstampft,
jeder Mantel, der mit Blut befleckt ist,
wird verbrannt, wird ein Fraß des Feuers.
Denn uns ist ein Kind geboren,
ein Sohn ist uns geschenkt.
Die Herrschaft liegt auf seiner Schulter;
man nennt ihn: wunderbarer Ratgeber,
starker Gott, Vater in Ewigkeit,
Fürst des Friedens.
Seine Herrschaft ist groß,
und der Friede hat kein Ende.
Auf dem Throne Davids herrscht er über sein Reich;
Er festigt und stützt es durch Gerechtigkeit,
jetzt und für alle Zeiten.

Jesaja, 9, 1 - 6

AUS HARTEM WEH DIE MENSCHHEIT KLAGT, ODER: WIR WARTEN AUFS CHRISTKIND

Mit dem ersten Adventssonntag beginnt das neue Kirchenjahr, und der erste Adventssonntag ist das Eingangstor in die Adventszeit. Advent heißt übersetzt Ankunft, und damit ist die Adventszeit die Zeit, in der die Christen warten auf die Ankunft – von wem eigentlich? Vielleicht sagen Sie jetzt, das sei doch eine ziemlich dumme Frage, denn auch in unserer Zeit sei den meisten Christen noch bewusst, dass die Ankunft des Erlösers erwartet werde, volkstümlich ausgedrückt: Die Geburt des Christkindes. Um in der volkstümlichen Sprache zu bleiben: Wir warten in der Adventszeit aufs Christkind. Vielleicht sollte man, wenn man einen Text zum Thema „Advent" schreibt, einfach das Übliche schreiben, nämlich von Adventskränzen und Adventskalendern, von Weihnachtsvorbereitungen und Geschenken, um dann zum Schluss noch elegant eine scharfe Kurve zu nehmen und zu betonen, dass das alles sinnvolle Bräuche seien, weil mit dem Kind von Bethlehem das Licht in die Welt gekommen sei und Gott den Menschen seinen Sohn geschenkt habe.

Bei Worten zum Advent erwartet man fast zwangsläufig ein gedämpftes, feierliches und gefühlsbetontes Sprechen, Geschichten von Engeln, von Sternen, von Düften, von Stille und von Besinnlichkeit. Im Grunde wäre dagegen auch nichts einzuwenden, wäre damit nicht auch eine große Gefahr verbunden: die Gefahr zu verniedlichen und zu verkitschen. Zu keiner Zeit des Kirchenjahres ist die Botschaft des Christentums so überzuckert und märchenhaft, so schön, aber auch so wenig wahrhaftig wie zur Advents- und Weihnachtszeit. Die Advents- und Weihnachtszeit bieten das volle Gefühlsprogramm, so dass selbst die in den Gottesdienst huschen, die sonst nicht dorthin huschen, und sie huschen, um dort Innigkeit und Harmonie einzuatmen, vielleicht auch Erinnerungen an die Kindheit, die längst in die Vergangenheit zurückgesunken sind, aber mit jedem Jahr der Distanz schöner werden.

Wenn ich die Propheten des Alten Testamentes richtig lese, dann lese ich immer wieder Texte, die ein Schrei nach Erlösung sind, nach Erlösung aus der Bedrohung durch feindliche Völker, nach Erlösung aus dem Würgegriff der Schuld, nach Erlösung aus der Wüste der Sinnlosigkeit. Die Propheten schreien nach Gott, nach dem Messias, der ihnen zur Hilfe werden soll. Hier wird die Sehnsucht nach einem Erlöser laut, das Warten auf seine Ankunft wird von Sehnsuchtsrufen begleitet. „Wann kommt, der uns ist zugesagt? Wie lang bleibt er verborgen?" Dieses Warten kann auf der Seele lasten, es kann sehr schwer sein, so schwer

wie das Warten im Krankenhaus, wenn ein lieber Mensch eingeliefert wurde und man nicht weiß, ob er leben oder sterben wird. Da wartet man mit einem stummen Schrei auf das erlösende Wort eines der behandelnden Ärzte, der auf einen zutritt mit der Nachricht, der Patient sei überm Berg, der Kampf ums Leben sei gewonnen. Diese Nachricht zu hören, ist eine Art Erlösung, so wie es erlösend wirken kann, wenn man die Botschaft erhält: Gott hat seinen Sohn in die Welt gesandt, der Werk der Erlösung hat begonnen.

Damit ich nicht falsch verstanden werde: Ich will selbstverständlich nicht alles abschaffen, was es an religiösem Brauchtum gibt, ich mag Adventskränze und Adventskalender, ich mag auch Engel in allen Variationen, aber: religiöses Brauchtum entstand und entsteht aus dem Glauben, das religiöse Brauchtum ist Ergebnis und nicht Ursache unseres Glaubens. Wo nur noch Brauchtum ist, hängt alles in der Luft, und was in der Luft hängt, kracht leicht zusammen, oder anders gesagt: Religiöses Brauchtum ohne das Fundament des Glaubens ist wie ein Butterbrot ohne Brot.

EIN LAND VOLLER UNHEIL

Mit dem Sechs-Tage–Krieg gelang es Israel im Jahre 1967 ein Gebiet zu erobern, das mehr als doppelt so groß war wie sein bisheriges Staatsgebiet. Es dauerte nicht einmal eine Woche, da standen das Westjordanland, die gesamte Sinai-Halbinsel, der Gaza-Streifen, Ost-Jerusalem und auch die syrischen Golanhöhen unter israelischer Militärverwaltung.

Am 5. Juni 1967 brach der bewaffnete Konflikt zwischen Israel und einer arabischen Kriegsallianz aus, die sich aus den Staaten Ägypten, Jordanien und Syrien zusammensetzte. Ägypten hatte kurz zuvor die für Israel lebenswichtige Wasser-straße von Tiran und den Hafen von Eilat blockiert und war auf dem Sinai aufmarschiert. Israel war von arabischen Armeen eingekreist. Auf diese Situation reagierte Israel mit einem massiven Präventivschlag, dem die arabische Allianz nichts entgegenzusetzen hatte. Nach nur sechs Tagen endete der Krieg am 10. Juni 1967, einen Tag später wurde dann ein Waffenstillstand unterzeichnet. Die arabische Allianz hatte mehr als 15 000 Opfer zu beklagen, rund 700 Israelis starben.

Israel sollte seine militärischen Erfolge auf der Basis der UN-Resolution 242 umsetzen. Diese Resolution forderte Israel unter anderem dazu auf, sich aus den besetzten Gebieten zurückzuziehen. Die Golanhöhen sind heute immer noch besetzt. Erst 1982 zog Israel von der Sinai-Halbinsel und 2005 aus Gaza ab.

Die Folge des Dreifrontenkrieges veränderte die geopolitische Lage im Nahen Osten schlagartig. Mehr als eine Million Palästinenser gerieten unter israelische Besatzung, Hunderttausende flohen. Bis 1975 war der Schiffsverkehr im Suezkanal blockiert. Doch aus dem militärischen Triumph Israels wurde auch die jüdische Siedlerbewegung in das Westjordanland geboren, die militärisch geschützte Wohngebiete von Israelis mitten in das palästinensische Land setzte. Die Konsequenzen wirken bis zum heutigen Tag nach, denn eine Zwei-Staaten-Lösung und ein dauerhafter Frieden sind so immer schwieriger geworden. Auf den Siegestaumel folgte auch in Israel Katerstimmung.

Der Nahostkonflikt hat für viele Menschen auf beiden Seiten auch eine starke religiöse Komponente. Für radikale Muslime ist schon die Existenz Israels ein Problem, denn ein Gebiet, das einst zum Einflussbereich des Islam gehörte, könne nicht Ungläubigen überlassen werden.

ISRAEL UND DIE PALÄSTINENSER

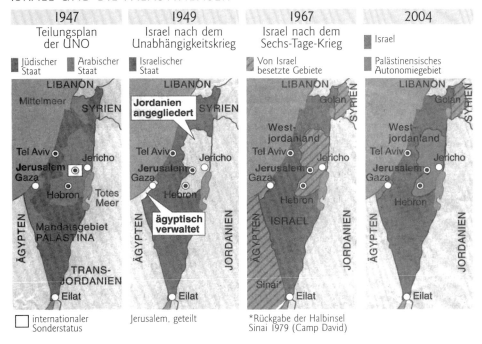

1947	1949	1967	2004
Teilungsplan der UNO	Israel nach dem Unabhängigkeitskrieg	Israel nach dem Sechs-Tage-Krieg	■ Israel
■ Jüdischer Staat ■ Arabischer Staat	■ Israelischer Staat	◨ Von Israel besetzte Gebiete	■ Palästinensisches Autonomiegebiet

☐ internationaler Sonderstatus

Jerusalem, geteilt

*Rückgabe der Halbinsel Sinai 1979 (Camp David)

Wichtiges Anliegen der Palästinenser ist, dass Jerusalem mit dem Tempelberg als Mittelpunkt Hauptstadt eines einen Staates wird. Sie stützen sich dabei auf die Überlieferung, dass die Zusammenkunft Mohammeds mit Allah in Begleitung des Erzengels Gabriel sowie die Himmelfahrt Mohammeds am Standort des heutigen Felsendomes auf dem Tempelberg stattgefunden haben soll.

Der Tempelberg jedoch, auf dem bis 70 n. Chr. der Tempel Jahwes stand, und dessen Außenmauer – die Klagemauer – heute das wichtigste Heiligtum des Judentums ist, kann von religiösen Juden auf keinen Fall abgegeben werden.

DAS NICHT-IDYLLISCHE BETHLEHEM

In Bethlehem, der palästinensischen Geburtsstadt Jesu, leben heute Menschen im Schatten des israelischen Grenzwalls. Sie leiden unter dem Konflikt, denn er hält die ausländischen Touristen fern, und wünschen sich zu Weihnachten nur eins: Frieden. Jahr für Jahr blickt die Welt, speziell die christliche Welt, an zwei Tagen nach Bethlehem – am 24. und 25. Dezember. Doch wer weiß wirklich etwas über den Alltag der Menschen in dieser kleinen palästinensischen Stadt am Stadtrand von Jerusalem? Bethlehem liegt im palästinensischen West-Jordanland. Nach starker Abwanderung der Menschen aus ihrer Heimatstadt gehören von den etwa 30 000 Einwohnern nur noch etwa 40 Prozent den verschiedenen christlichen Kirchen an.

Die verbliebenen Christen Bethlehems und des gesamten Heiligen Landes – dazu gehören auch Syrien, Jordanien und Ägypten – sehen sich als Nachfolger der Urchristen, von hier aus verbreitete sich das Christentum in die ganze Welt, „bis an die Grenzen der Erde". Sie blicken damit auf 2000 Jahre Geschichte zurück.

Wie muss man sich das Leben in Bethlehem heute vorstellen? Die Stadt ist weitgehend eingemauert durch das Trennbollwerk, das Israel gegen palästinensische Terroristen errichtet hat. Die Menschen in Bethlehem unterliegen wie im ganzen West-Jordanland dem Besatzungsregime mit einer Vielzahl von Kontrollen und sehr eingeschränkter Souveränität, Begegnungen zwischen Israelis und Palästinensern nähren immer wieder den Hass. Im Dezember 2006 hat die Initiative „Open Bethlehem" neue Daten über die Geburtsstadt Jesu bekannt gegeben: Es gibt 27 israelische Siedlungen in der Umgebung; sie alle sind auf Land errichtet, das israelische Stellen von Bethlehemer Besitzern beschlagnahmt haben. Man rechnet damit, dass Bethlehem bei der Fertigstellung der Trennmauer siebzig Prozent seines Landes verloren haben wird. Genau derselbe Prozentsatz Stadtbewohner lebt derzeit unter der Armutsgrenze – bei einer Arbeitslosenquote von mehr als 60 Prozent. Der Tourismus – verantwortlich für 65 Prozent der Wirtschaftsleistung – ist seit Beginn der Zweiten Intifada (= Aufstand der Palästinenser) zurückgegangen. Konnten die Bethlehemer Hotels 2002 noch eine Auslastung von 22,1 Prozent vorweisen, waren es 2005 gerade einmal 2,5 Prozent.

LIVERPOOL GEGEN BETHLEHEM

Den meisten Menschen in unserem Land ist die englische Stadt Liverpool durch den Fußballverein FC Liverpool bekannt und durch eine Musikgruppe, die über Jahre hinweg Furore machte: Die Beatles. Während es mir vor einigen Jahren noch keinerlei Schwierigkeiten bereitete, die vier Beatles namentlich zu nennen, muss ich heute doch einige Zeit nachdenken, bis ich die vier Namen John Lennon, Paul McCartney, George Harrison und Ringo Starr zusammengesucht habe. Den vier „Pilzköpfen", so nannte man sie ihrer Frisur wegen, hat man vor einigen Jahren in der englischen Industriestadt Liverpool ein Museum eingerichtet, eine Art moderne Wallfahrtsstätte. Aber heute ist es stiller geworden um die vier Musiker, auch wenn Musikkritiker der Meinung sind, dass die Musik der Beatles der musikalische Höhepunkt des 20. Jahrhunderts gewesen sei, und dass sie darüber hinaus eine neue Kultur initiiert hätten.

In dem Museum waren die „Reliquien" der vier Musiker aus Liverpool ausgestellt: Musikinstrumente, auf denen sie spielten, Kleidungsstücke, die sie privat oder bei ihren Auftritten trugen, Briefe, die sie geschrieben haben; ja sogar ein kompletter Bus fand sich in der Ausstellung, der Bus, mit dem sie zu ihrer Glanzzeit auf Tournee waren. Die Wallfahrtsstätte war eingerichtet, aber der erwartete Strom der Pilger blieb aus. So kam der Gedanke auf, das Museum nach London zu verlegen, denn Liverpool sei nun mal keine Touristenstadt, in London wäre ein Beatles-Museum schon eher eine Attraktion.

Auf dem Höhepunkt ihrer Karriere, als die Welt im Beatles-Fieber darnieder lag, wurde die Nachricht verbreitet, einer der Musiker habe geäußert, die Beatles seien bekannter als Jesus. Später stellte sich heraus, dass diese Meldung falsch war, doch die Äußerung blieb in vielen Köpfen: „Die Beatles sind bekannter als Jesus". Manche der Beatles-Fans haben damals wohl auch geglaubt, die vier Musiker seien nicht nur bekannter sondern auch bedeutender als Jesus. Liverpool gewissermaßen als Geburtsstätte moderner Heilsbringer.

Inzwischen hat sich das Beatles-Fieber gelegt. Die vier aus Liverpool sind zwar immer noch bekannt, aber kaum mehr jemand käme auf die Idee, sie für bedeutender zu halten als den, der vor zweitausend Jahren in der Stadt Davids, in Bethlehem, geboren wurde.

Zu Bethlehem geboren,
ist uns ein Kindelein.
Das hab ich auserkoren,
sein eigen will ich sein.

In seine Lieb´ versenken
will ich mich ganz hinab;
Mein Herz will ich ihm schenken
und alles, was ich hab.

Dich wahren Gott ich finde
in meinem Fleisch und Blut;
Darum ich fest mich binde
an dich, mein höchstes Gut.

Friedrich Spee, 1637

5 ZU BETHLEHEM GEBOREN

Wandmalerei aus der Geburtskirche in Bethlehem

In jenen Tagen erließ Kaiser Augustus den Befehl, alle Bewohner des Reiches in Steuerlisten einzutragen. Dies geschah zum ersten Mal; damals war Quirinius Statthalter von Syrien. Da ging jeder in seine Stadt, um sich eintragen zu lassen.

So zog auch Josef von der Stadt Nazaret in Galiläa hinauf nach Judäa in die Stadt Davids, die Bethlehem heißt; denn er war aus dem Haus und Geschlecht Davids. Er wollte sich eintragen lassen mit Maria, seiner Verlobten, die ein Kind erwartete. Als sie dort waren, kam für Maria die Zeit ihrer Niederkunft, und sie gebar ihren Sohn, den Erstgeborenen. Sie wickelte ihn in Windeln und legte ihn in eine Krippe, weil in der Herberge kein Platz für sie war.

In jener Gegend lagerten Hirten auf freiem Feld und hielten Nachtwache bei ihrer Herde. Da trat der Engel des Herrn zu ihnen, und der Glanz des Herrn umstrahlte sie. Sie fürchteten sich sehr, der Engel aber sagte zu ihnen: Fürchtet euch nicht, denn ich verkünde euch eine große Freude, die dem ganzen Volk zuteil werden soll: Heute ist euch in der Stadt Davids der Retter geboren; er ist der Messias, der Herr. Und das soll euch als Zeichen dienen: Ihr werdet ein Kind finden, das, in Windeln gewickelt, in einer Krippe liegt. Und plötzlich war bei dem Engel ein großes himmlisches Heer, das Gott lobte und sprach: Verherrlicht ist Gott in der Höhe, und auf Erden ist Friede bei den Menschen seiner Gnade. Als die Engel sie verlassen hatten und in den Himmel zurückgekehrt waren, sagten die Hirten zueinander: Kommt, wir gehen nach Bethlehem, um das Ereignis zu sehen, das uns der Herr verkünden ließ. So eilten sie hin und fanden Maria und Josef und das Kind, das in der Krippe lag. Als sie es sahen, erzählten sie, was ihnen über dieses Kind gesagt worden war. Und alle, die es hörten, staunten über die Worte der Hirten. Maria aber bewahrte alles, was geschehen war, in ihrem Herzen und dachte darüber nach. Die Hirten kehrten zurück, rühmten Gott und priesen ihn für das, was sie gehört und gesehen hatten; denn alles war so gewesen, wie es ihnen gesagt worden war.

Lukas 2. 1 - 20

ET IN TERRA PAX

Ich muss mich wohl gleich zu Beginn für meinen Freund entschuldigen, er hat oft eigenartige Ideen. Selbstverständlich halte ich ihn deswegen noch lange nicht für einen Spinner, schließlich sind wir schon lange befreundet. Aber manchmal entwickelt er Gedankengänge, die ihn fast zu einem Philosophen machen. In den letzten Jahren hat er viel von seinem Optimismus verloren, obwohl er gerne ein durch und durch positiver Mensch sein möchte, wie er immer wieder betont. Gestern Abend ging es mal wieder mit ihm durch. Wir saßen gemütlich vor unserer Flasche Wein, als er plötzlich sagte, er habe ein Drehbuch für einen Film geschrieben. Als ich ihn daraufhin ungläubig anschaute, begann er zu erzählen:

„Weißt du, ich kann dir nicht das ganze Drehbuch erzählen, weil ich ... , ehrlich gesagt, noch gar nicht das ganze Drehbuch geschrieben habe. So ungefähr kann ich es dir erzählen, wenn du willst."

Ich sagte nichts, sondern schaute ihn fragend an.

„Mein Film beginnt mit der Großaufnahme eines Totengerippes, das in der rechten Hand einen Knochen hält, mit dem es in kurzen Abständen auf eine Glasglocke schlägt, die auf einem Tisch steht. Zwölf Mal erklingt ein helles „ping". Nach zwölf Schlägen dreht das Gerippe die Sanduhr um, die es in der linken Hand trägt, und eine neue Stunde beginnt zu rinnen."

Die nächste Szene zeigt einen riesengroßen Friedhof; Gräber, soweit man blicken kann. Das Filmbild wird untermalt durch den Gregorianischen Choral „Dies irae, dies illa", gesungen von einem Männerchor. Die Kamera fährt langsam auf einige Gräber zu. Die Grabsteine und Grabkreuze, die ins Bild kommen, tragen als Inschriften nicht die Namen von Individuen, sondern die Namen von Völkern.

Das Bild wechselt, der lateinische Totengesang ist verklungen. Die dritte Szene spielt im Inneren eines Konferenzsaales. Die Kamera zeigt umgestoßene Stühle, abgerissene Kabel, zertrampelte Mikrofone, zerbrochene Flaschen und Gläser, zerknüllte und zerrissene Papiere. Musikalisch unterlegt ist die Szene mit dem Schlussteil der „Moldau" von Friedrich Smetana. Nachdem die Kamera eine Zeitlang den Konferenzsaal gezeigt hat, fährt sie zurück, aus dem Saal hinaus, und eine mächtige Eichentür schließt sich. Die Musik verklingt, die Nahaufnahme zeigt die Aufschrift auf der Tür, die sich soeben geschlossen hat: „Weltfriede-Kommandozentrale". Diese Aufschrift bleibt im Bild und eine Stimme beginnt in feierlichem Ton zu sprechen: „Alle Menschen der Welt wollen den Frieden. Alle Menschen zusammen werden den Frieden schaffen. Der Friede ist eine Frucht der menschlichen Vernunft. Bald wird die Welt in Frieden leben."

Mein Freund hatte bereits einen roten Kopf, so sehr hatte er sich in die Erzählung hineingesteigert. Dann fuhr er in seiner Erzählung fort.

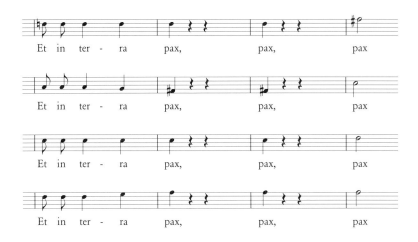

aus: Wolfgang Amadeus Mozart, Missa in C, Krönungsmesse, KV 317, Gloria

„Und jetzt kommt die entscheidende Szene. Die Kamera zeigt eine orientalische Landschaft. Die „Feuerwerksmusik" von Georg Friedrich Händel brandet auf. Die Kamera fährt jetzt auf einen alten, baufälligen Stall zu, vor dem eine Tafel angebracht ist mit der Aufschrift „Stall von Bethlehem". Unter der Tafel hängt ein kleiner Kasten, auf dem zu lesen ist: „Münzeinwurf hier". Unvermittelt kommt eine Hand ins Bild und wirft eine Münze in den Schlitz des Kastens. Die Kamera fährt zurück.

Die orientalische Nacht wird hell, das Geldstück hat einen Mechanismus ausgelöst, am Himmel flammt ein großer Schweifstern auf, auch aus dem Innern des Stalles drängt Licht. Händels Musik wird ausgeblendet und eine Stimme spricht: „Und auf einmal erschien mit dem Engel eine Schar des himmlischen Heeres, die Gott priesen mit den Worten: Ehre sei Gott in der Höhe und Friede den Menschen auf Erden, die guten Willens sind."

Nach diesem Zitat aus dem Lukasevangelium setzt von neuem Musik ein, es ist das „Gloria" aus der Krönungsmesse von Wolfgang Amadeus Mozart. Doch – und das ist wichtig – mit einem Male bleibt die Musik hängen. Immer wieder werden dieselben Worte gesungen: „Et in terra pax".

Die Kamera fährt noch weiter zurück und nun wird deutlich, dass es sich bei der orientalischen Landschaft nicht um eine reale Landschaft handelt, sondern um ein Modell, das in der Nische eines Museums steht. Vor dem Modell ist ein Schild angebracht, so wie es in Museen üblich ist, um das Ausstellungsstück zu erklären. Die Kamera fährt auf das Schild zu und man kann lesen: „Stall in der Nähe des Dorfes Bethlehem. Dort entstand vor zweitausend Jahren die Legende vom missglückten Versuch, der Welt den Frieden zu bringen. Dieser Legende zufolge soll in diesem Stall Gott selbst Mensch geworden sein, um die Welt von Schuld und Angst zu erlösen."

Mit leuchtenden Augen schaute mich mein Freund an.

„Weißt du", sagte er, „die Musik wiederholt immer noch die Worte „Et in terra pax". Der Film ist zu Ende, das Schlussbild zeigt das Wort Friede in allen Sprachen der Erde."

„Und das war´s dann?" fragte ich ihn.

„Nein", sagte er, „jetzt kommt die Überraschung. Plötzlich läuft die Musik weiter, und der Chor singt „Et in terra pax hominibus bonae voluntatis". Das heißt auf deutsch: Und Friede den Menschen auf Erden, die guten Willens sind.

„Und was soll das?" fragte ich.

„Verstehst du immer noch nicht? Das verdeutlicht, dass es auf der Erde nie Frieden geben kann; denn dass alle Menschen auf einmal guten Willens sind, das gibt es nicht."

Mein Freund trank sein Glas leer und sagte dann leise: „Wenn wir Menschen alle dem Kind von Bethlehem begegnet wären, würde für uns Menschen Hoffnung bestehen. Aber wir begegnen doch nur der Geschichte, nicht dem Kind selber. Die Hirten hatten uns da einiges voraus."

Vielleicht muss ich noch einmal daraufhin weisen, dass mein Freund ein Pessimist ist, in dem aber noch Sehnsucht lebt. Man hat es manchmal nicht leicht mit ihm, ich glaube fast, er hat zuviel Phantasie.

KURZE GESCHICHTE DER WEIHNACHTSKRIPPE

Überall auf der Welt, wo von Christen die Menschwerdung Gottes gefeiert wird, findet man die Weihnachtskrippe. Sie veranschaulicht die Geburt Jesu im Stall von Bethlehem. Als Ausgangspunkt dieses Brauchtums vermuten die Historiker die in Rom verwahrten Krippenreliquien, vor denen die Päpste früher den Weihnachtsgottesdienst feierten. Entgegen früheren Vermutungen ist der heilige Franz von Assisi keineswegs der Urheber der Weihnachtskrippe. Seine Feier im Jahre 1223 im Walde von Greccio fand in einem wirklichen Stall mit Ochs und Esel und einer strohgefüllten Krippe statt, jedoch ohne Heilige Familie.

Die große Blütezeit der Krippen war das Barockzeitalter. Die Jesuiten wollten nach der Reformation den Glauben wieder veranschaulichen. Darum forderte der Ordensgründer Ignatius von Loyola beispielsweise: „Der Gläubige muss sich vorstellen können, wie die Rüstung Goliaths scheppert, wenn der Riese von Davids Stein getroffen, zu Boden stürzt." Aufgrund dieser Auffassung bauten die Jesuiten gewaltige und wertvolle Krippen. Der Funken sprang bald auf die Städte über, und schließlich wollte jede Gemeinde eine eigene Krippe. Am Beginn des 19. Jahrhunderts kam es im Zuge der Säkularisation mancherorts zu einem Verbot der Krippen. Doch führte das nur dazu, dass die Krippen verstärkt Einzug in Bürger- und Bauernhäuser fanden.

Die Vielfalt der Weihnachtskrippen ist beinahe grenzenlos. Jeder Krippenbauer stellt das Geschehen so dar, als läge Bethlehem vor seiner Haustür. Die Hirten in bayerischen Krippen tragen die üblichen Trachten. In Japan bringen anstelle der Könige Samurais die Geschenke. Bei den Eskimos liegt das Jesuskind auf einem Schlitten, und in Afrika ist das Christkind schwarz. Die Kolumbianer lieben es bunt.

Auch in Europa findet sich eine wahre Krippenvielfalt. Die Andalusier flechten eine Graskrippe aus Palmwedeln. Für die Figuren wird Hanf verknotet. Bei den Krippen aus Neapel sind Stall und umgebende Gehöfte Ruinen. Die Krippenschnitzer der französischen Provence verwenden Baumrinde und Torfballen. Auf Korsika liegen in der Krippe getrocknete Meeresalgen. Aus Thüringen stammt eine Glasbläser Krippe. Und im Schwarzwald hat in der Krippendarstellung der Stall von Bethlehem ein Walmdach und im Stall an der Wand hängt vielleicht ein Bollenhut.

DAS NÄCHTLICHE TREFFEN

Der Mann, der durch die nächtliche Stadt schleicht, ist nicht ein Dieb auf Beutezug oder sonst eine finstere Gestalt, die Böses im Schilde führt. Dass Nikodemus dabei nicht gesehen werden will, ist leicht einzusehen, denn was er vorhat, ist eine Art Konspiration mit dem geistigen Gegner. Zwischen Jesus und dem angesehenen Pharisäer kommt es zu einem nächtlichen Gespräch.

Einer der einprägsamsten Sätze dieses Gesprächs lautet: „Das Licht kam in die Welt, und die Menschen liebten die Finsternis mehr als das Licht." Ich bin mir sicher, dass den Menschen vor zweitausend Jahren Licht mehr bedeutete als uns. Wenn vor zweitausend Jahren die Sonne unterging, wurde es dunkel in der Welt. Zur Orientierung blieb nur das fahle Licht des Mondes und das flackernde Licht der Sterne. In ihren Häusern entzündeten die Menschen Lichter und gruben damit kleine, bewohnbare Lichthöhlen in das bedrohende Dunkel. Die Hirten entzündeten Feuer, um sich zu wärmen und um die wilden Tiere fernzuhalten.

Geht bei uns die Sonne unter, wird es nicht finster. Mit einbrechender Dunkelheit schaltet irgendein Relais die Straßenbeleuchtung ein, ein kurzer Druck auf den Lichtschalter taucht das Zimmer in Helligkeit, hell erleuchtete Schaufenster werfen ihr Licht auf die Straße. Uns modernen Menschen ist angesichts der Lichterfülle, die uns umgibt, die Bedeutung des Lichtes verlorengegangen. Unsere Welt wird auch nachts in Helligkeit getaucht. Helligkeit beherrscht unsere Welt, nicht das Licht.

So kann man den Satz Jesu verändern, ohne ihn zu verfälschen: „Das Licht kam in die Welt, und die Menschen liebten die Helligkeit mehr als das Licht." Ich gebe zu, dass dieser Satz auf den ersten Blick etwas eigenartig wirkt. Aber in der gleißenden Helligkeit unserer Welt hat das Licht keine Chance. So wie man in der Dunkelheit nicht sehen kann, so kann auch die Helligkeit blenden, dass man die Augen schließen muss. Im übertragenen Sinne heißt das: In unserer geistig so hellen Welt ist das Licht des Evangeliums nicht mehr oder nur schwerlich wahrzunehmen. Wo die grellen Scheinwerfer Leistung, Verdienst, Luxus, Ansehen, Lustgewinn und Egoismus eingeschaltet sind, wird das Licht, das durch die Liebe in die Welt kommt, unansehnlich, ja fast lächerlich. So lächerlich wie das Lied der Nachtigall auf einer Großbaustelle.

DAS WEIHNACHTSLIED DER GANZEN WELT

Das bekannteste und das vermutlich am weitesten verbreitete Weihnachtslied ist „Stille Nacht, heilige Nacht". Um die Entstehung dieses Liedes gibt es viele Geschichten. Der Kern der Geschichten ist folgender:

Am 24. Dezember 1818 führten der Dorfschullehrer und Organist Franz Xaver Gruber und der Hilfspriester Joseph Mohr in der Kirche St. Nikolaus in Oberndorf bei Salzburg das Lied „Stille Nacht, heilige Nacht" erstmals auf. Joseph Mohr soll den Text für dieses Lied bereits im Jahr 1816 geschrieben haben, Franz Xaver Gruber komponierte dann vor Weihnachten 1818 eine Melodie zu diesem Gedicht.

Mohr und Gruber sollen in der Christmette dieses Lied mit Gitarrenbegleitung gesungen haben, da die Orgel defekt war. Wie gesagt, um die Uraufführung von „Stille Nacht" ranken sich viele Legenden und romantische Geschichten.

Dass dieses Lied aus dem kleinen Dorf in die Welt hinausgetragen wurde, wird dem Orgelbaumeister Mauracher aus Fügen (Zillertal) zugeschrieben. Als er 1833 mit anderen Musikern Tiroler Lieder in Leipzig vorführte, gewann vor allem diese Melodie die Aufmerksamkeit des Publikums. Von dort aus trat es den Siegeszug durch die deutschen Länder und danach um die ganze Welt an. Heute gibt es Übersetzungen in mehr als 300 Sprachen und Dialekten.

Stilla natt, heliga natt.
Världen all slumrar still. (schwedisch)

Se'leg Nuecht! Hélleg Nuecht!
Alles ro't, 't haelt bloss Wuecht (luxemburgisch)

Silent night, Holy night
All is calm, all is bright (englisch)

Noche de paz, noche de amor,
Todo duerme en derredor. (spanisch)

Stille nag, heilige nag,
Alles rus, eensaam wag (afrikaans)

Stille Nacht, heilige Nacht!
Alles schläft, einsam wacht
nur das traute, heilige Paar.
Holder Knab im lockigen Haar:
Schlafe in himmlischer Ruh!
Schlafe in himmlischer Ruh!

Stille Nacht, heilige Nacht!
Gottes Sohn, o wie lacht
Lieb aus deinem göttlichen Mund,
da uns schlägt die rettende Stund:
Jesus in deiner Geburt!
Jesus in deiner Geburt!

Stille Nacht, heilige Nacht!
Hirten erst kundgemacht;
durch der Engel Halleluja
tönt es laut bei ferne und nah:
Jesus der Retter ist da!
Jesus der Retter ist da!

DER MÜDE HIRTE

Zum ersten Mal in seinem Leben war er in Jerusalem, obwohl es von Bethlehem nicht weit ist in diese Stadt. Ihn hatte nie etwas nach Jerusalem gezogen, denn er war sein Leben lang ein Eigenbrötler gewesen, der den Trubel in der Stadt hasste. In diesem Jahr war ihm plötzlich die Idee gekommen, zum Passahfest nach Jerusalem zu pilgern. Und jetzt war er da.

Es war für einen alten Mann schwer, sich in der Menschenmasse auf den Beinen zu halten, von allen Seiten wurde gedrängt. Nun öffnete sich mit einem Male eine Gasse im Menschengewühle, ein Mann auf einem Esel ritt durch die Menge und die Menge jubelte ihm zu: „Hosanna, dem Sohne Davids". Der alte Hirte blieb stehen. Der Mann ritt an ihm vorbei. Da trafen sich ihre Blicke. Ohne Zweifel, diese Augen hatte der alte Hirte schon einmal gesehen, diesen Blick hatte er nicht vergessen. Es musste etwa dreißig Jahre her sein.

Die anderen Hirten nannten ihn damals die „Schlafmütze". Wenn man ihn brauchte, war er nicht da, und wenn man ihn nach langem Suchen fand, fand man ihn schlafend. Dass man ihn die Schlafmütze nannte, störte ihn nicht, denn Schlafen war wirklich seine liebste Beschäftigung, obwohl eigentlich Wachsamkeit die Haupttugend eines Hirten sein sollte. Doch noch nie war ihm ein Schaf entlaufen, noch nie hatte er mit seiner Herde Schwierigkeiten gehabt. Das lag daran, dass er einen Hund hatte, der für ihn mitdachte. Und kam der Hund wirklich einmal nicht mit der Herde zurecht, dann weckte er seinen Herrn, allerdings geschah das so oft wie nie. Der müde Hirte brauchte nicht erst Schafe zu zählen, um einschlafen zu können, ihm genügte schon der Anblick einer Schafherde, und es war um ihn geschehen.

Dann kam jene Nacht, die man später die Heilige Nacht nannte. Die Hirten vor den Toren Bethlehems saßen am Feuer und erzählten sich Geschichten. Plötzlich drang aus dem Stall, der etwa fünf Stadien von ihrem derzeitigen Weideplatz entfernt war, ein heller Lichtschein. Die Hirten schreckten auf, einen Moment blickten sie sich fragend an. Zwar war der alte Stall nicht mehr im besten Zustand, aber er war immer noch gut genug, um bei einem Unwetter dort Unterschlupf zu finden. Fast gleichzeitig standen sie auf und rannten hinüber zum Stall, um zu retten, was noch zu retten war.

Der müde Hirte lag abseits hinter einem Busch und schlief. Er hatte keine Lust, abends am Feuer zu sitzen und sich die uralten Geschichten anzuhören, die seit

Jahren immer wieder erzählt wurden. Ihm genügten seine Träume, und er träumte sehr viel, während er schlief. Während also die anderen Hirten zum Stall liefen und auf diese Weise im Laufschritt in die Bibel hineingerieten, schlief er vor sich hin und verpasste es dadurch, eine literarische Gestalt zu werden. Sein Hund saß neben ihm und wachte über die Herde, dabei knurrte er leise eine Art Abendlied. Gegen Morgen wachte der müde Hirte auf. Um ihn herum war ein Heidenlärm entstanden. Die anderen Hirten saßen um das niedergebrannte Feuer und erzählten und gestikulierten und sangen und lobten Gott. Langsam stand er auf und ging zu ihnen hinüber. „Wollt ihr denn heute Nacht überhaupt nicht schlafen?" Die Hirten am Feuer hielten kurz inne, dann redeten auf einmal alle gleichzeitig auf ihn ein. Er verstand diese verrückte Geschichte nicht, die sie ihm erzählten. Er hörte immer nur die Worte „Kind geboren", „Messias", „Engelchor", „Ehre sei Gott in der Höhe". Fast angewidert drehte er sich um, murmelte „Versoffene Bande!", ging zu seinem Schlafplatz zurück und legte sich wieder hin. Er träumte von einem kleinen Engel, der sich mit seinen Flügeln im Dachgebälk des Stalles verfangen hatte und dennoch aus vollem Halse sang.

Er wurde wach, weil ihn sein Hund geweckt hatte. Mit seiner Herde war alles in Ordnung, aber die Herden der anderen waren ineinander gelaufen, auf der Weide herrschte ein heilloses Durcheinander. Die Hirten lagen neben dem erloschenen

Feuer und schliefen. Als er sie weckte, rieben sie sich die müden Augen, um im nächsten Augenblick wild fluchend zu dem Schafknäuel zu rennen. Gegen Mittag hatten sie es geschafft, die Herden zu entwirren. Beim Mittagessen fragte der müde Hirte seinen Nachbarn nach dem, was in der vergangenen Nacht geschehen war. Dieser erzählte, was sie gehört und gesehen hatten.

Der müde Hirte saß noch lange da und dachte über diese Geschichte nach. Zum ersten Male fühlte er sich nicht müde. Diese Geschichte war so phantastisch wie seine Träume, und auf Träume gab er viel. Als die Schafe am Nachmittag in der Sonne lagen, ging er hinüber zum Stall. Im hellen Sonnenlicht wirkte der Stall wirklich heruntergekommen. Der Hirte blieb stehen und lauschte. Von einem Engelschor war nicht der leiseste Ton zu hören. Dann schrak er zusammen. Was er hörte, war aber nicht die Stimme eines Engels, sondern das Schreien eines kleinen Kindes. Es war kein Schreien, es war eher ein Wimmern. Behutsam öffnete er das Tor des Stalles. Als sich seine Augen an das Halbdunkel gewöhnt hatten, sah er in einer der Futterkrippen auf einem Mantel ein kleines Kind liegen, das nur leicht zugedeckt war. Neben dem Kind auf dem Boden schliefen ein junger Mann und eine junge Frau. Offensichtlich stimmte das, was die anderen über die Geburt eines Kindes im Stall berichtet hatten.

Der Hirte schlich sich aus dem Stall, rannte zurück zur Weide, holte eine Decke und nahm an Essbarem mit, was er gerade fand. Er ging zum Stall zurück. Auf Zehenspitzen trat er ein. Ein Messias war dieses Kind sicher nicht. Das war das Kind armer Leute, das das Pech gehabt hatte, in einem Stall geboren zu werden. Behutsam nahm er das Kind aus der Krippe und drückte es mit dem linken Arm an sich, während er mit der freien rechten Hand dem Kind in der Krippe ein schönes Bettchen machte. Das Kind hörte auf zu wimmern und machte seine Augen auf. Es schaute ihn an, aber es schrie nicht. Dann legte er das Kind zurück in die Krippe und deckte es warm zu, denn außer einer Windel hatte es nichts an.

Der Blick des neugeborenen Kindes verwandelte das mürrische Gesicht des Hirten in ein lächelndes Gesicht. Mit einer Zärtlichkeit, die man ihm nicht zugetraut hätte, strich er dem Kind mit zwei Fingern seiner rechten Hand über die Wange. Das Kind schloss die Augen und schlief ein. Neben die schlafenden Eltern stellte er das Brot und den Käse, die er mitgebracht hatte, dann ging er so leise, wie er gekommen war. Den Blick des Kindes würde er nie vergessen, der Blick des Kindes hatte ihn für einen Augenblick ein anderer Mensch sein lassen.

Und wäre Christus
tausendmal
zu Bethlehem geboren
und nicht in uns,
wir wären allzumal verloren.

AUS DEM TAGEBUCH DES ZIMMERMANNS JOSEF

Selbstverständlich bestreiten die Theologen die Echtheit dieses Tagebuches und als Begründung führen sie als erstes Argument an, dass es außerordentlich unwahrscheinlich sei, dass ein einfacher Zimmermann damals des Schreibens kundig gewesen sei. Zudem könnten viele Formulierungen nicht von einem im Grunde ungebildeten Menschen der damaligen Zeit stammen, denn sie besäßen einen zu hohen Grad der Reflexion. Josef sei Zimmermann gewesen und nicht Schriftgelehrter; ihm ein solches Tagebuch zuzuschreiben, sei nichts weiter als Spekulation. Aus den genannten Gründen müsse man davon ausgehen, dass es sich bei den Ausschnitten aus diesem Tagebuch um eine plumpe Fälschung handle. Dennoch sollen einige Passagen aus dem „Tagebuch des Zimmermanns Josef" der Öffentlichkeit nicht vorenthalten werden:

... Miriam und ich sind uns seit gestern versprochen. Bis zu unserer Hochzeit wird noch einige Zeit vergehen, aber in mein Haus gehört endlich eine Frau. Seit meine Mutter gestorben ist und seit sich meine Schwester in den Süden des Landes, nämlich nach Jerusalem verheiratet hat, ist hier im Haus alles durcheinander geraten. Meine Wäsche ist nicht mehr gepflegt, seit Monaten ernähre ich mich von diesem faden Fladenbrot, von getrockneten Feigen und Ziegenkäse. Zum Kochen habe ich keine Zeit, denn schließlich muss ich arbeiten, außerdem kann ich auch gar nicht kochen.
Heute, auf dem Heimweg vom Sabbatgottesdienst, habe ich Miriam getroffen. Sie ist ein sehr schönes Mädchen, das im nächsten Monat sechzehn Jahre alt wird. Besonders gefällt mir an ihr, dass sie sehr zurückhaltend ist und nicht so plappermäulig wie ihre Altersgenossinnen. Anna und Joachim, ihre Eltern, mag ich sehr, Joachim hat uns damals sehr geholfen, als Vater verunglückt war. Doch bis zur Heirat wird sicher noch ein Jahr ins Land gehen, denn vor diesem Ereignis will ich noch mein Haus instand setzen und meine Finanzen einigermaßen in Ordnung bringen.
Heute Abend werde ich früh zu Bett gehen, denn der alte Simon will morgen seinen Tisch abholen, den ich aber noch nicht repariert habe. Doch wenn ich morgen etwas früher aufstehe als sonst, bekomme ich das schon noch hin.

... Ich kann es nicht fassen und ich bin maßlos enttäuscht. Miriam ist schwanger, sie hat es mir selbst gesagt, fast beiläufig hat sie es mir gesagt. Inzwischen hat es sich in der Stadt herumgesprochen, und ich spüre, dass man über sie und mich redet. Ich kann mir das Getuschel vorstellen: „Schaut euch diesen scheinheiligen Josef an! Tut so, als könnte er kein Wässerchen trüben. Und diese Miriam, das

Unschuldslamm aus der Straße am Osttor, die hat es offensichtlich faustdick hinter den Ohren."

Es gibt vieles, was ich nicht weiß. Dass ich aber nicht der Vater dieses Kindes bin, das weiß ich sicher. Aber Miriam schweigt, sie scheint nicht einmal ein schlechtes Gewissen mir gegenüber zu haben. Dabei muss sie doch wissen, was geschehen ist. Warum redet sie nicht davon? Warum verhält sie sich mir gegenüber, als ob nichts geschehen sei? Es ist wohl das Beste, wenn ich kein großes Theater veranstalte, sondern abwarte, bis sich das Geschwätz einigermaßen gelegt hat; dann löse ich meine Verlobung auf. Es scheint, dass es so schnell nichts wird mit dem gut geführten Haushalt. Ich werde mich auch in der nächsten Zeit von fadem Fladenbrot, von getrockneten Feigen und Ziegenkäse ernähren müssen.

... Ich habe nachts schon oft geträumt, doch morgens waren meine Träume zumeist zerronnen, außer einigen Fetzen Erinnerung war nichts mehr vorhanden. Und jetzt das! In der vergangenen Nacht habe ich geträumt. Ich habe einen eigenartigen Traum geträumt, der sich auch nach dem Erwachen nicht auflöste. Es ist, als hätten sich die Bilder und Worte dieses Traumes für immer in mein Gedächtnis eingebrannt. Die Bilder leuchten und die Worte dröhnen in mir.

Heute Nacht erschien mir im Traum ein Engel Gottes, eine schwerelose Gestalt mit dem Gesicht eines Menschen. Ich spüre jetzt noch mein Erschrecken beim Anblick dieses Wesens. Der Engel legte mir die Hand auf die Schulter, ich war wie erstarrt, aber das ist wohl das Normale, wenn man vom Göttlichen berührt wird. Und dann sprach der Engel die folgenden Worte: „Josef, Sohn Davids, fürchte dich nicht, Miriam als deine Frau zu dir zu nehmen; denn das Kind, das sie erwartet, ist vom Heiligen Geist. Sie wird einen Sohn gebären; ihm sollst du den Namen Jesus geben; denn er wird sein Volk von seinen Sünden erlösen." Ich spürte, wie die Hand des göttlichen Wesens auf meiner Schulter immer schwerer wurde, mir war, als würde mir eine schwere Last auf die Schulter gelegt. Der Engel Gottes blickte mich noch einmal an, dann war er verschwunden.

Ich kenne mich mit Träumen nicht aus, schon gar nicht bin ich ein Traumdeuter wie mein Namenskollege im Gefängnis des ägyptischen Pharao, der mit seinen traumdeuterischen Fähigkeiten bei Hofe Karriere gemacht hat. Wie komme ich dazu, so etwas zu träumen? Was habe ich mit Engeln zu schaffen? Sicher, ich weiß aus der Schrift, dass Gott früher im Traum zu den Menschen sprach, um durch sie seinem Volke etwas mitzuteilen. Ich kann mir aber nicht vorstellen, dass Gott sich an mich wendet, an einen gewöhnlichen Zimmermann aus einem unbedeutenden Städtchen in Galiläa.

Kirche des hl. Josef in Nazaret

Wie kommt der Satz „Das Kind, das sie erwartet, ist vom Heiligen Geist" in meinen Kopf? Kann das Hirn eines Zimmermanns so etwas hervorbringen? Ich verstehe diesen Traum nicht. Der Erlöser soll auf eine Art und Weise menschliche Gestalt annehmen, die eher nach einer unehelichen Schwangerschaft aussieht? Für die, die uns kennen, ist Miriam mit Sicherheit nicht die Messiasgebärerin, sondern eines von jenen Mädchen, über die man die Nase rümpft. Wem soll ich meinen Traum erzählen? Wer wird den Inhalt dieses Traumes glauben, wenn ich selber ihn nicht so recht glauben kann? Angenommen, ich nehme meinen Traum ernst, angenommen, ich gehe davon aus, dass es nicht nur ein Traum war, sondern ein göttlicher Auftrag, für Miriam und das Kind da zu sein, was dann? Kann man auf einen Traum ein Leben bauen? Warum wählt Gott einen Weg, der für viele zum Stein des Anstoßes wird? Da ist sie wieder, die Hand des Engels auf meiner Schulter, die Last des Auftrags.

... Ich werde niemandem von diesem Traum erzählen, doch ich spüre immer deutlicher, dass ich das tun muss, was mir aufgetragen wurde. Schweigen ist eine Mauer, in meinem Fall ein selbst gewähltes Gefängnis. Wer schweigt, ist in den Augen der meisten Menschen entweder ein Weiser oder ein Tor. Zu den Weisen wird man mich nicht zählen.

... Ich habe mich entschieden. Ich werde tun, was mir aufgetragen wurde. Wenn sich herausstellt, dass alles nur ein Irrtum war, was ist dann schon verloren?
In den nächsten Tagen wird das Kind zur Welt kommen, und ausgerechnet jetzt steht der Volkszählung wegen unsere Reise nach Bethlehem an, denn jeder muss sich in der Stadt in die Steuerlisten eintragen, aus der er stammt. Vor allem für eine hochschwangere Frau ist eine solche Reise eine Zumutung, aber die römische Behörde duldet keine Ausnahmen.

... Endlich sind wir wieder zu Hause in Nazaret. Die Reise nach Bethlehem war sehr turbulent, man hatte den Eindruck, dass in diesen Tagen ganz Palästina unterwegs war. Wenn der römische Kaiser befiehlt, setzt sich ein ganzes Volk in Bewegung. Die Unterkunft in Bethlehem war miserabel, alle Herbergen waren besetzt, ein notdürftig hergerichteter Stall diente uns als Unterkunft, und in diesem Stall wurde unser kleiner Jesus geboren. Maria war sehr tapfer, obwohl sie sich mit Sicherheit die Geburt anders vorgestellt hatte, denn es gibt wohl keine Frau, die begeistert ist, ihr Kind in einem Stall zur Welt zu bringen. Ich gestehe, dass diese Geburt für mich unbeschreiblich war. Ich war so verzaubert beim

Anblick des Neugeborenen, dass ich den Eindruck hatte, Chöre der Engel würden zu seiner Begrüßung singen. Selbst die Hirten, die in der Nähe ihre Herden weideten, näherten sich ehrfurchtsvoll, um das Kind zu betrachten, sie legten kleine Geschenke neben die Krippe, die als Kinderbett hergerichtet war. Und am Himmel über dem Stall leuchtete ein heller Stern, als würde auch der Himmel das Kind in der Krippe grüßen.

Bei Nacht und Nebel mussten wir dann aus Bethlehem fliehen, denn es ging das Gerücht, der wahnsinnige König Herodes wolle alle männlichen Neugeborenen töten lassen, nachdem Magier aus dem Osten ihn mit ihren Fragen nach einem neugeborenen König verunsichert hatten. Auf Umwegen kehrten wir schließlich nach Nazaret zurück.

... Unser kleiner Jesus ist nun bald drei Jahre alt, und er macht Miriam und mir viel Freude. Wenn ich den kleinen Kerl herumspringen sehe, fällt mir immer wieder der Traum von damals ein. Unser Kind unterscheidet sich nicht von den Kindern seines Alters. Ich habe an ihm noch nichts Messianisches feststellen können. Fast jede Nacht kommt er zu uns ins Bett, schlüpft ein Mal zu Miriam und das andere Mal zu mir unter die Decke, strampelt mit seinen kleinen Beinen, wenn er nicht genügend Platz unter der Decke findet, und er murrt zornig, wenn man ihn ein wenig zur Seite schiebt. Die Leute sagen, er würde Miriam sehr ähnlich sehen.

Heute, Kinder, wird´s
was geben,
heute werden wir uns freu´n.

VOR, WÄHREND
UND NACH
DER BESCHERUNG

KLEINE BESCHERUNG VOR DER BESCHERUNG

Die Vorbereitungen verliefen unter strengster Geheimhaltung. In den Tagen vor Weihnachten zogen sich die beiden Kinder jeden Nachmittag für eine Stunde in ihr Zimmer zurück. Von innen schlossen sie die Zimmertür ab, denn niemand sollte Einblick nehmen können in das Programm, das sie für den Heiligen Abend zusammenstellten.

Ging man am Zimmer vorbei, so konnte man erahnen, was geplant war, denn es waren vereinzelte Flötentöne zu hören, Liedfetzen, aber auch Lachen und Streiten. Insgeheim waren die Eltern sehr stolz auf ihre Kinder, denn dieses Engagement hatten sie nicht erwartet.

Dann war die Stunde der Bescherung da. Die Kinder baten die Eltern und Großeltern, im Wohnzimmer Platz zu nehmen. Die Eltern entzündeten die Kerzen am Baum, die helle Deckenbeleuchtung wurde gelöscht. Dann setzten sie sich und harrten der Dinge, die nun kommen würden. Die beiden Kinder hatten noch um einen Moment gebeten, sie müssten sich noch umziehen. Als dieser Moment sich sehr dehnte, fragte die Mutter ungeduldig: „Was machen denn die zwei so lange?"

Doch dann hörte man das Gebimmel einer kleinen Glocke. Die Wohnzimmertüre öffnete sich, und die beiden kamen mit feierlicher Miene herein. Voran ging der um drei Jahre ältere Junge, ihm folgte das Mädchen. Beim Anblick des Mädchens verfinsterte sich der Blick der Mutter. Das Mädchen war als Engel verkleidet und trug als Engelsgewand eines von Mutters weißen Nachthemden, das kunstvoll gerafft war und durch den Gürtel von Mutters Bademantel zusammengehalten wurde. Großvater hatte instinktiv erkannt, dass bei der Mutter des Engels der weihnachtliche Friede gefährdet war. Besänftigend legte er seiner Schwiegertochter die Hand auf den Arm und lächelte sie begütigend an. Da hielt sich die Mutter zurück.

Die Kinder hatten sich vor dem Christbaum neben der Krippe aufgestellt. Sie wirkten sehr ernst, als seien sie sich der Feierlichkeit des Augenblickes voll bewusst. Der Sohn eröffnete das Programm der Krippenfeier mit einem Gedicht. Er sagte es fehlerlos und mit guter Betonung auf. Dem Gedicht folgte ein zweistimmiges Lied auf zwei Blockflöten, wobei man zugeben muss, dass einige Töne haarsträubend klangen. Nun war die Tochter mit ihrem Programmbeitrag an der Reihe.

Wie schon gesagt, sie war als Engel verkleidet, trug das Nachthemd ihrer Mutter und zwei riesige Flügel. Die beiden Flügel waren aus weißem Papier, das Papier war auf ein Lattengestell geklebt. Das Lattengestell musste recht schwer sein, denn das zierliche Mädchen beugte sich leicht nach vorne, um vom Gewicht der Flügel nicht nach hinten gerissen zu werden. Sie trug die Flügel wie einen Rucksack, in den man zuviel hineingepackt hat. Aber dennoch: Das Mädchen war engelgleich.

»Was wünschst du dir im nächsten Jahr?«

Laut Programm sollte sie ein Lied zum Vortrag bringen. Geplant war das bekannte Weihnachtslied „O du fröhliche, o du selige, gnadenbringende Weihnachtszeit". Sie blickte kurz zu ihrem Bruder, als wollte sie sich noch einmal vergewissern, dass sie jetzt an der Reihe sei. Der Bruder nickte unmerklich, und der Engel hob zu singen an.

Es ist im Nachhinein nicht mehr zu entscheiden, was wirklich schuld war, ob es das Lampenfieber oder das kindliche Unterbewusstsein war. Mit klarer und lauter Stimme sang der Engel die bisher noch nie vernommene Liedzeile: „O du fröhliche, o du selige, gnadenlose Fröhlichkeit." Der Engel hatte während des Singens selbst erkannt, dass etwas an diesem Vortrag nicht stimmte und verstummte jäh. Der Bruder blickte den Engel vorwurfsvoll an, die Mutter des Engels blickte entsetzt und dem Vater, der das Weihnachtsevangelium an diesem Abend vorlesen wollte, blieb jenes im Halse stecken.

Nur Opa lächelte vor sich hin und schlug vor, nach dieser Bescherung mit der eigentlichen Bescherung zu beginnen.

ERINNERUNGEN UNTERM CHRISTBAUM

Sobald man beginnt, von früher zu erzählen, ist man auf dem besten Weg, alt zu werden. Dennoch neigen die meisten Eltern dazu, mit dem Blick auf früher den pädagogischen Zeigefinger zu heben und darauf hinzuweisen, dass früher nicht nur alles anders, sondern auch besser war. Das haben die Eltern der Eltern schon getan und deren Eltern wahrscheinlich auch. Solche pädagogischen Rückblicke beginnen zumeist mit den Worten: Wenn ich da an unsere Jugend zurückdenke. Früher hatte es an Weihnachten auf jeden Fall immer Schnee, früher war man als Kind bescheidener und dankbarer, früher, da war an Weihnachten einfach alles anders. Selbst wenn man nicht zu denen gehört, die solches laut aussprechen, so heißt das noch lange nicht, dass man Ähnliches nicht denkt.

An Weihnachten gehen die Gedanken besonders gerne zurück ins rosarote Kinderland. Die eigenen Kinder packen am Heiligen Abend unter dem Christbaum ihre Geschenke aus, und plötzlich sieht man in den Kindern sich selber, als man im gleichen Alter war. Und man meint, Unterschiede zu sehen. Es beginnt schon bei der Art des Auspackens. Heutige Kinder neigen dazu, mit Gewalt die Umhüllung von den Päckchen zu reißen, auch wenn man das Weihnachtspapier im nächsten Jahr wieder verwenden könnte. Früher wanderte das Geschenkpapier durch die Verwandtschaft, bis man eines Tages sein eigenes Papier wieder zurückerhielt. Wenn ich früher das Papier zerriss – die Neigung dazu war wohl damals auch vorhanden – dann konnte es sein, dass ich zu Füßen des Christbaumes eine Ohrfeige kassierte, und das trotz des Festes der Liebe.

Was Kinder heutzutage alles geschenkt erhalten, davon wagten wir früher nicht einmal zu träumen, und im Übrigen träumten wir auch gar nicht davon, denn die meisten dieser Dinge gab es damals ja noch nicht. Elektrische Eisenbahnen gab es damals schon, aber eine solche Eisenbahn mit allen Schikanen, mit mindestens zwei Lokomotiven, mit Signalen, Weichen und einer Drehscheibe blieb für viele Kinder ein Traum, weil solche Anschaffungen für ihre Eltern unerschwinglich waren. Auch war in der Wohnung kein Zimmer frei, um eine solche Eisenbahn fest zu installieren. Aber vielleicht war das mit dem Zimmer auch nur eine Ausrede.

Es ist auch möglich, dass Kinder früher anders träumten. Da war der Traum von der Dampfmaschine, vom Werkzeugkasten, vom Metallbaukasten, von der Puppe, die die Augen schließen und „Mama" sagen konnte, vom Puppenwagen oder einer Puppenküche mit kleinen Töpfen und dem kleinen Geschirr. Ganz kühne Träume waren die vom Fahrrad und von den Skiern. Heute liegen unter dem Christbaum nicht nur die neuen Skier, sondern auch die passenden Skischuhe, der Thermo-anzug und die Skibrille, die nicht beschlägt. Ein Fahrrad wünschen sich die Kinder schon gar nicht mehr, weil sie auf ihrem Sparbuch so viel Geld haben, dass sie es sich selber kaufen können.

In einem sind sich die Kinder früherer Tage und die Kinder von heute gleich: Wie früher schätzen Kinder es immer noch nicht, wenn sie mit etwas zum Anziehen beglückt werden. Das habe ich früher auch nicht geschätzt. Mit Grauen erinnere ich mich daran, dass mir meine Großmutter zu jedem Weihnachtsfest braune Wollstrümpfe strickte. Wir Buben waren damals schon komisch angezogen: kurze Hosen, lange Strümpfe und hohe Schuhe trugen wir zur Winterszeit. Damit die Strümpfe hielten, mussten wir ein Leibchen tragen, an dem links und rechts je ein Gummiband angenäht war, und an diesen Gummibändern wurden die Strümpfe befestigt. Das Gefühl der kribbelnden und kratzenden Wollstrümpfe hat sich bei mir bis heute nicht verloren.

Ich kann heute noch sagen, wann ich was an Weihnachten als Geschenk erhielt. Ich erinnere mich noch an das Schaukelpferd, an den großen Teddybären, den ich im Übrigen heute noch besitze, und an den Feuer speienden Traktor. Vielleicht erinnere ich mich an den Traktor noch besonders gut, weil meine Schwester ihn drei Tage nach Weihnachten vor Wut auf den Boden warf, da ich sie geärgert hatte. Zwar lief der Motor des Traktors nach dieser Missetat noch, aber der Traktor spuckte kein Feuer mehr und hatte damit gewaltig an Wert eingebüßt.

Ich erinnere mich auch noch an den Werkzeugkasten mit Hammer, Beißzange, Bohrer, Fuchsschwanz und Hobel. Der Hobel funktionierte allerdings nicht, was ich noch am Heiligen Abend selber feststellte, als ich versuchte eine Kante unseres Küchentisches glatt zu hobeln. Unser Küchentisch hatte nämlich an den Kanten unzählige kleine Kerben, die davon herrührten, dass ich beim Laubsägen ab und zu den Tisch erwischte. Ich war ein leidenschaftlicher Laubsäger, fast schon ein Künstler mit dem dünnen Sägeblatt.

Mittlerweile sitzen meine Kinder in einem Berg von Verpackungsmaterial und Geschenken. Obwohl in der Verwandtschaft die Devise ausgegeben worden war, in diesem Jahr an Weihnachten nichts zu schenken, hat doch jeder eine Kleinigkeit geschenkt. Und viele Kleinigkeiten ergeben letztlich auch einen Berg.

EIN UNMÖGLICHER OPA

Auf seinem Grab liegt jetzt eine dichte Schneedecke, das Grabkreuz hat ein lustiges Häubchen auf, und obwohl ich jetzt an seinem Grab stehe, erfüllt mich mehr Heiterkeit als Trauer. Es ist zwei Tage vor Weihnachten, und jedes Jahr um diese Zeit besuche ich ihn, der mein Großvater war, denn zu seinen Lebzeiten war Weihnachten wirklich die schönste Zeit im Jahr. Obwohl er schon auf die achtzig zuging, hatte er sein spitzbübisches Wesen nicht verloren. Manchmal sagt man ja, alte Leute würden wieder wie Kinder. Das war bei ihm nicht der Fall. Er war schon immer so gewesen. Vor seinen Streichen – und es waren üble Streiche dabei – war in der Familie niemand sicher und er freute sich diebisch, wenn ihm ein Streich gelungen war. Ein Heiliger Abend ist mir unvergesslich. Großvater musste das Ganze schon lange geplant gehabt haben. Der Heilige Abend begann ziemlich normal, wie in jedem Jahr mit dem gemeinsamen Abendessen, und wie in jedem Jahr gab es Schäufele mit Kartoffelsalat. Der Heilige Abend war übrigens der einzige Abend im Jahr, an dem es für die Männer der Familie zum Abendessen Bier gab. Immer wenn mein Großvater einen Schluck Bier nahm, blieb ihm in seinem gewaltigen Schnurrbart etwas vom Bierschaum hängen, und dann sah es aus, als sei Schnee im Bart festgefroren.

Nach dem Abendessen begab sich die gesamte Familie ins Wohnzimmer. Die Bescherung begann wie in jedem Jahr mit Liedern und dem Verlesen des Weihnachtsevangeliums. Großvater setzte sich an den Tisch, denn das erste Lied, das „O du fröhliche, o du selige" begleitete er üblicherweise auf der Zither. Während er ein Blatt unter die Saiten der Zither legte, auf dem die Abfolge der Griffe stand, entzündete mein Vater die Kerzen am Christbaum. Höhepunkt der weihnachtlichen Illumination war das Entzünden des Feuers im Stall, unter einem Häufchen von aufgeschichtetem Holz befand sich ein rotes Glühbirnchen, das von einer Batterie gespeist wurde. Die Kerzen brannten, das Feuer im Stall leuchtete, das elektrische Licht im Wohnzimmer wurde abgeschaltet, Großvater begann mit dem Vorspiel des Liedes. Das Vorspiel war noch nicht zu Ende, da gab es im Stall unterm Christbaum eine Explosion, dass Ochs und Esel in die Ecke flogen, der Posaunenengel vom Dach des Stalles fiel und Maria und Josef zwischen den Schafen vor dem Stall landeten. Die Aufregung war groß, Großmutter saß wie vom Schlag getroffen am Tisch, meine Mutter rannte in die Küche, um Löschwasser zu holen, mein Vater schüttelte ungläubig den Kopf, nur Großvater spielte lächelnd weiter „Welt ging verloren, Christ ist geboren". Nach einer kurzen Pause des Schreckens stellte mein Vater in der Krippe die Ordnung wieder her, Mutter trug das Löschwasser wieder in die Küche, denn es war keine Feuersbrunst ausgebrochen. Das Feuer im Stall allerdings war erloschen, das rote Birnchen war nicht mehr.

Nun war Großmutter mit dem Vorlesen des Weihnachtsevangeliums an der Reihe. „In derselben Zeit geschah es, dass vom Kaiser Augustus der Befehl ausging, das ganze Reich aufzuschreiben", so begann sie. Die Familie hörte das Evangelium mit gebührender Andacht, bis Großmutter zu der Stelle kam: „Und siehe, ein Engel des Herrn kam vom Himmel, und die Herrlichkeit Gottes umleuchtete sie, und sie fürchteten sich sehr. Der Engel aber sprach zu ihnen." Noch ehe meine Großmutter das Wort des Engels „Fürchtet euch nicht!" vortragen konnte, ertönte in die Stille hinein ein klägliches „Miau!". Großmutter unterbrach die Lesung aus dem Lukasevangelium und ließ damit fürs erste die Hirten furchtsam auf dem Felde zurück.

„Wie oft schon habe ich gesagt", sagte die Großmutter, „dass an Weihnachten die Katze nichts im Wohnzimmer zu suchen hat. Bevor die Katze nicht draußen ist, lese ich nicht weiter."

Nun begann die Suche nach der Katze. So ziemlich jedes Familienmitglied wiederholte immer wieder den geistvollen Satz: „Wo ist denn unsere Pussi? Komm, miez, miez." Der einzige, der sich an der Katzensuchaktion nicht beteiligte, war mein Großvater, er begann wieder auf der Zither zu spielen. „O du fröhliche, o du selige." Das war übrigens das einzige Lied, das er auf der Zither spielen konnte.

Die Miez-Miez war nicht zu finden, nicht unterm Sofa, nicht unterm Wohnzimmerschrank, nicht hinter der Heizung. Großvater war nun mit seinem Lied am Ende und sagte zu den anderen: „Ihr habt euch das sicher eingebildet, ich habe auf jeden Fall nichts gehört." Da kam er aber bei seiner Frau an die richtige. „Es war bei dir schon immer so, was du nicht hören willst, das hörst du nicht." Dann befahl Großmutter für einen Moment absolute Stille. Es war so still, dass man die Flammen der Kerzen hörte. Da von der Miez-Miez nichts zu hören war, nahm Großmutter die Heilige Schrift wieder in die Hand, um den Engel das Wort „Fürchtet euch nicht!" sprechen zu lassen. Genau in diesem Moment war das Miau wieder da. Mit einem ziemlich bösen Unterton in der Stimme sagte meine Großmutter zu ihrem Mann: „Ihr habt euch das sicher eingebildet. Nichts haben wir uns eingebildet, das Miauen war deutlich zu hören." Jetzt ging die Sucherei von vorne los. Die Abstände zwischen dem Miauen wurden geringer und dadurch wurde es möglich, die Quelle des Miauens zunächst einzugrenzen und dann zu lokalisieren. Schließlich stand die gesamte Familie – außer Großvater – vor dem Wohnzimmerschrank, und zwar leicht nach vorne gebeugt, denn das Miauen kam aus dem Unterschrank, in dem Teller, Tassen und Gläser aufbewahrt wurden.

Mit einem Ruck öffnete Großmutter die Schranktür, und wahrscheinlich hätte sie das nicht tun sollen. Denn die Katze, die schon seit längerer Zeit dort unten eingesperrt war, sah offensichtlich ein Licht am Ende des Tunnels. Zusammen mit einigen Tassen und Gläsern kam sie aus dem Dunkel hervor und raste in Panik durch das Wohnzimmer. Bei ihrem Sprung aus dem Schrank schien sich der Christbaum zu Tode erschrocken zu haben, langsam begann er sich zu neigen und fiel dann in stummer Andacht um. Angesichts der Lage machte sich Mutter wieder auf den Weg in die Küche, um Löschwasser zu holen, Vater folgte ihr. Während die Familie dabei war, den Christbaum zu löschen und dem aufkommenden Chaos entgegenzusteuern, sah ich, als ich mich für einen Moment umdrehte, dass Großvater die Katze jetzt auf seinem Schoß hatte und damit beschäftigt war, eine Schnur von ihrem Hals zu lösen. Dabei streichelte er die Katze liebevoll, als wollte er ihr sagen: „Das hast du fein gemacht." Als ich näher hinschaute, sah ich dass das andere Ende der Schnur am Baumwipfel kurz unter dem Stern befestigt war. Ich riss unbemerkt die Schnur ab und brachte sie meinem Großvater, der sie in der Hosentasche verschwinden ließ.

Seit jenem heiligen Abend wird bei uns vor der Bescherung das Wohnzimmer genau inspiziert, ob es katzenfrei ist; der Christbaumständer wird mit Steinen beschwert und die Beleuchtung des Baumes ist elektrisch. Aber in jedem Jahr, wenn es im Weihnachtsevangelium heißt: „Der Engel aber sprach zu ihnen", mache ich mich darauf gefasst, ein klägliches Miau zu hören. Und dann sehe ich in meiner Erinnerung meinen Großvater spitzbübisch lächeln.

„AM WEIHNACHTSBAUME DIE LICHTER BRENNEN"

In Mitteleuropa wird der Weihnachtsbaum, je nach Region auch als
Christbaum oder Tannenbaum bezeichnet, zur Weihnachtszeit in
Kirchen und Wohnungen, sowie auf
Plätzen in Ortschaften aufgestellt und
mit Lichterketten, Kerzen, Glaskugeln,
Lametta, Engeln und anderen Figuren
geschmückt. Dieser Weihnachtsbrauch
verbreitete sich im 19. Jahrhundert von
Deutschland aus über die ganze Welt.

Die Entwicklung des Christbaumes hat
keinen eindeutigen Anfang, sondern
setzt sich aus Bräuchen verschiedener
Kulturen zusammen. In immergrünen
Pflanzen steckt Lebenskraft und darum
glaubte man, Gesundheit ins Haus zu
holen, wenn man sein Zuhause mit
Grünem schmückte. Bereits die Römer
bekränzten zum Jahreswechsel ihre Häuser mit Lorbeerzweigen. Einen Baum zur
Wintersonnenwende zu schmücken, ehrte auch im Mithras-Kult den Sonnengott.
Auch in nördlichen Gegenden wurden im Winter schon früh Tannenzweige ins
Haus gehängt, um bösen Geistern das Eindringen und Einnisten zu erschweren
und das Grün gab Hoffnung auf die Wiederkehr des Frühlings. Schon im
Mittelalter bestand vielerorts der Brauch, zu bestimmten öffentlichen Festlichkei-
ten ganze Bäume zu schmücken, wie zum Beispiel den Maibaum oder den
Richtbaum. Zu Weihnachten wurden in der Kirche Paradies-Spiele aufgeführt,
weil der 24. Dezember dem Gedächtnis der Stammeltern Adam und Eva
gewidmet war, zu denen ein Paradiesbaum, der durchaus auch ein Laubbaum
sein konnte, mit Äpfeln behängt wurde. Der Apfel diente dabei als Zeichen der
verbotenen Frucht und erinnerte an den Sündenfall und an die Befreiung des
Menschen von der Erbsünde durch Jesus Christus.

Die Aussage, dass die erste urkundliche Erwähnung eines Christbaumes aus dem
Jahre 1419 stammt, ist weit verbreitet, kann allerdings nicht durch Quellen belegt

werden. Die Freiburger Bäckerschaft soll nach dieser unbelegten Aussage einen Baum mit allerlei Naschwerk, Früchten und Nüssen behängt haben, den die Kinder an Neujahr plündern durften.

Von 1521 datiert ein Eintrag in einem Rechnungsbuch der Humanistischen Bibliothek in Sélestat: „Item IIII schilinge dem foerster die meyen an sanct Thomas tag zu hieten" (Vier Schillinge dem Förster zu bezahlen, damit er ab dem St. Thomastag die Bäume bewacht.)

Ab dieser Zeit steht der Weihnachtsbaum in den Häusern der vornehmen Bürger als Weihnachtsschmuck.

Von 1539 gibt es wiederum einen urkundlichen Beleg, dass im Straßburger Münster ein Weihnachtsbaum aufgestellt wurde. Die Zünfte und Vereine waren es schließlich, die ein immergrünes Bäumchen in die Zunfthäuser stellten. Die ersten Aufzeichnungen über den Christbaum als einen allgemein üblichen Gebrauch stammen aus dem Jahre 1605. Wieder ist es ein Elsässer, der die entscheidenden Zeilen festgehalten hat. Er schreibt: „Auff weihnachten richtet man Dannenbäume zu Straßburg in den Stuben auf. Daran henket man Roßen auß vielfarbigem Papier geschnitten, Aepfel, Oblaten, Zischgold und Zucker." Um 1611 schmückte Herzogin Dorothea Sibylle von Schlesien den ersten Weihnachtsbaum mit Kerzen.

Auch die nächste Nachricht über den Weihnachtsbaum stammt aus Straßburg und wird dem Theologen J.K. Dannhauser zugeschrieben. In dieser zwischen 1642 und 1646 verfassten Schrift ereifert sich der Genannte gegen den Brauch, in den Häusern Weihnachtsbäume aufzustellen. Er schreibt: „Unter anderen Lappalien, damit man die alte Weihnachtszeit oft mehr als mit Gottes Wort begehet, ist auch der Weihnachts- oder Tannenbaum, den man zu Hause aufrichtet, denselben mit Puppen und Zucker behängt, und ihn hernach abschüttelt und abblühen lässt. Wo die Gewohnheit herkommt, weiß ich nicht; ist ein Kinderspiel."

Da Tannenbäume in Mitteleuropa selten waren, konnten sich diese zunächst nur die begüterten Schichten leisten und die Stadtbevölkerung musste mit Zweigen und anfallendem Grün auskommen. Erst als ab der zweiten Hälfte des 19. Jahrhunderts vermehrt Tannen- und Fichtenwälder angelegt wurden, konnte der städtische Bedarf gedeckt werden.

Die Kirche, der große Waldgebiete gehörten, schritt gegen das Plündern des Waldes zur Weihnachtszeit ein und billigte diesen heidnischen Brauch nicht. Mit der Zeit aber gab sie den Widerstand auf. Als in evangelischen Kreisen der Christbaum zum festen Weihnachtssymbol wurde, und man sich dadurch von der katholischen Sitte des Krippen-Aufstellens unterschied, trat der Christbaum seinen Siegeszug an. Bis zum Ende des 19. Jahrhunderts ist der Weihnachtsbaum auch in den katholischen Regionen Deutschlands und Österreichs bezeugt.

Es war ein friedvoller Eroberungszug, den der Christbaum antrat. Als sich die Königin Viktoria 1840 mit Albert von Sachsen-Coburg und Gotha vermählte, kam der Weihnachtsbaum nach London. 1870 führte die Herzogin Helene von Orleans den Weihnachtsbaum in die Tuilerien ein, später machte sich die Kaiserin Eugenie um seine Verbreitung verdient. Nach Nordamerika gelangte der Christbaum durch deutsche Auswanderer und Matrosen.

DAS STAMMTISCHQUARTETT

So gegen sechs Uhr abends füllte sich im Allgemeinen das Rund des Stammtisches im „Storchen". So mancher kehrte auf dem Heimweg von der Arbeit kurz im „Storchen" ein, um noch ein oder zwei Bier zu trinken und auf Feierabend umzustellen. Es war Dezember, draußen lag Schnee, im „Storchen" lag dichter Qualm über dem Stammtisch. Der Stammtisch im „Storchen" war insofern etwas besonderes, als an ihm kaum geredet wurde. Es wurde nicht heiß debattiert, nur ab und zu machte einer der Anwesenden eine kurze Bemerkung. Jetzt, da es draußen empfindlich kalt war, stand bei einigen neben dem Bierglas auch ein Schnapsglas, weil nach Aussage des Volksmundes Schnaps den Menschen von innen wärmt.

Die meisten Stammtischbesucher verließen das Lokal so gegen sieben Uhr, um den Heimweg endgültig abzuschließen. An diesem Abend – es ging gegen acht Uhr – saßen noch vier Männer am Tisch. In das Schweigen hinein sagte plötzlich einer zu seinem Gegenüber: „Was lachst du vor dich hin? Wenn dir ein guter Witz eingefallen ist, dann erzähl ihn, dass wir auch lachen können." Der Angesprochene lächelte immer noch und sagte: „Wenn ich euch so anschaue, dann muss ich lachen."
„Ich weiß nicht, was es über uns vier traurige Gestalten zu lachen gibt", sagte der im blauen Anton. „Das will ich dir sagen. Schau mal, du bist 45 Jahre alt, heißt Gerhard, wiegst zwei Zentner, bist Schmied von Beruf und hast Ölspuren im Gesicht. Der neben dir sitzt, heißt Hans, ist ein Jahr jünger, ist spindeldürr, von Beruf Zimmermann und spielt schon eine Viertelstunde mit seinem Meterstab. Und Paul dort ist ein Schulkamerad von Gerhard, er hat eine Glatze, in der man sich spiegeln kann, und er arbeitet in der Glasfabrik am Fließband. Ich heiße Herbert, bin ein Schulkamerad von Hans, mir fehlt an der rechten Hand der Ringfinger und ich bin Lastwagenfahrer bei einer Baufirma."
„Und was ist jetzt daran zum Lachen?" fragte der Schmied.
„Daran ist an und für sich nichts zum Lachen", sagte Herbert. „Aber ich habe mir vorgestellt, wie das jetzt wäre, wenn wir vier ein Weihnachtslied singen würden."
„Sag mal, spinnst du jetzt oder was?" sagte Hans. „Ich bin froh, wenn ich in Ruhe mein Bier trinken kann, daheim habe ich Weihnachtsrummel genug. Wo man hintritt, tritt man auf Weihnachtsgebäck. Und wenn ich nur schon daran denke, dass über die Weihnachtstage wieder die komplette Verwandtschaft bei uns einfällt, dann ist mir nach allem zumute, aber nicht nach singen." Gerhard, der Schmied, schlug in dieselbe Kerbe: „Ich habe jetzt schon Sodbrennen, wenn

ich an das süße Zeug denke, das ich über die Tage lustlos und mechanisch in mich hineinstopfe. Von mir aus könnte Weihnachten in diesem Jahr ausfallen."

„Von mir aus auch", sagte Paul, der bisher geschwiegen hatte. „Das bißchen Weihnachtsgeld, das es nächste Woche bei der Weihnachtsfeier in unserem Betrieb gibt, macht den Bock nicht fett. Weihnachten ist für einen Junggesellen wie mich eine Zeit zum Ausschlafen. In die Kirche gehe ich ohnehin nicht, da war ich in den letzten dreißig Jahren nur ein Mal, als mein Bruder geheiratet hat. Mit Kirche habe ich nichts mehr im Sinn."

„Aber ich habe mir vorhin wirklich vorgestellt, wie das klingen würde, wenn wir vier ein Weihnachtslied singen würden", sagte Herbert.

„Ich habe schon lange kein Weihnachtslied mehr gesungen", sagte Hans, „wir legen am Heiligen Abend eine Schallplatte auf, der Bielefelder Kinderchor singt besser als wir."

Herbert lächelte wieder und sagte: „Ich will euch jetzt mal was erzählen, vielleicht kennt ihr die Geschichte. Vor ungefähr 35 Jahren gab es in unserem Dorf an der Schule einen Rektor, der hieß Glaser. Er erteilte an der Schule auch

das Fach Musik. Jedes Jahr, Anfang Dezember, wählte er vier Jungen aus, die noch nicht im Stimmbruch waren und die gut singen konnten. Mit diesen studierte er das Weihnachtsevangelium ein, das die vier am Heiligen Abend in der Christmette singen durften."

„Da war ich vor vielen Jahren auch mal dabei", unterbrach ihn Paul.

„Aber das ist jetzt schon so lange her, dass es fast nicht mehr wahr ist."

„Nicht nur du hast in der Christmette gesungen", fiel ihm Hans ins Wort.

„Ich weiß noch, dass ich den Engel gesungen habe. Fürchtet euch nicht, so ging mein Text los."

„Ob ihr´s glaubt oder nicht", sagte der Schmied, „ich habe auch mal in der Christmette gesungen. Aber ich kann nicht mehr sagen, wann das war."

„Aber ich kann es dir sagen", antwortete Herbert, „es war im Jahre 1953, und die vier, die damals gesungen haben, waren wir."

„Du würdest heute im Chorrock ganz schön komisch aussehen", sagte Paul lachend zu Gerhard. „Stellt euch vor, wir vier würden in diesem Jahr in der Christmette auftreten und das Weihnachtsevangelium singen, quasi zum 35jährigen Jubiläum von damals. Den Pfarrer würde glatt der Schlag treffen."

Herbert, Hans und Gerhard saßen am Heiligen Abend mit ihren Familien in der Dorfkirche und lauschten dem Weihnachtsevangelium, das vom Pfarrer allein gesungen wurde. Neben einer der Säulen, ganz hinten in der Kirche, lehnte mit hochgeschlagenem Mantelkragen Paul und murmelte vor sich hin: „Wir waren besser."

Als die Gemeinde das „Stille Nacht" anstimmte, stimmte auch Paul mit ein. Er hatte immer noch eine wunderschöne Stimme. Die Kirchenbesucher in der letzten Bankreihe drehten sich voll Bewunderung um.

Auf, gläubige Seelen,
singet Jubellieder
und kommet, kommt alle
nach Bethlehem.

Christus der Heiland,
stieg zu uns hernieder.
Kommt, lasset uns anbeten,
kommt, lasset uns anbeten,
kommt, lasset uns anbeten
den König, den Herrn.

WEIHNACHTSERINNERUNGEN EINES WOHNZIMMERS

Nicht nur Menschen erinnern sich, nein, auch Häuser und Zimmer sind voller Erinnerungen. So wie in den Gedanken und Herzen der Menschen Vergangenes lebt und zum Leben erweckt werden kann, so lebt auch in den Häusern und Zimmern das Vergangene weiter, Erinnerungen schlummern in den Schränken, in den Regalen, auf Lampenschirmen, in den Ritzen der Fußböden und in den Schlössern der Türen. Ein Haus erlebt ja wie die Menschen die unterschiedlichen Zeiten des Jahres mit, es friert in den Frostnächten des Winters, es atmet den Duft der Blüten im Frühjahr, es erfreut sich an Sommerabenden am Lied der Amsel auf dem First des Daches und fühlt sich einsam in den dichten Nebeln des Herbstes. Und auch die Zimmer eines Hauses erleben den Ablauf des Jahres mit, die Räume verändern sich, ihr Schmuck verrät, welches Fest gefeiert wird oder welche Jahreszeit angebrochen ist. Räume erinnern sich auch an die Menschen, die in ihnen lebten. Wenn man ganz still wird und die Gabe besitzt, genau hinzuhören, dann hört man mit einem Male ein Zimmer erzählen:

HEILIGER ABEND 1958

Seit vier Jahren, solange gibt es mich, wird es immer um die Weihnachtszeit in mir lebendig, oder besser gesagt, lebendiger als sonst. Dass Weihnachten ins Haus steht, ist schon recht früh zu spüren. Wenn auf der Fensterbank die Vase mit den Barbarazweigen steht und den Wohnzimmertisch der Adventskranz ziert, dann dauert es auch nicht mehr lange, bis der fast betäubende Geruch von Weihnachtsgebäck durchs Haus zieht. Wenn schließlich der Christbaum aufgestellt und geschmückt wird, wenn auf der großen Kiste, auf der der Christbaum steht, Moos ausgelegt und die Weihnachtskrippe aufgestellt wird, ist der Heilige Abend schon ganz nahe. Heute Nachmittag legte die Frau des Hauses neben dem Christbaum die Päckchen zurecht, dann ging sie hinaus und schloss die Tür von außen ab. Erst bei der Bescherung durften die Kinder das Wohnzimmer betreten. Als es draußen dunkel geworden war, wurde der Schlüssel in das Türschloss gesteckt, es wurde aufgeschlossen und die Frau betrat wieder das Zimmer. Sie zündete die Kerzen am Christbaum an, schaute sich noch einmal im Raum um und klingelte dann mit einem Silberglöckchen. Das war das Zeichen, dass die Feier des Heiligen Abends begann. Nun betraten der Vater und die beiden Kinder den Raum, die Familie setzte sich an den Tisch. Zunächst spielte eines der Kinder auf der Blockflöte eine Weihnachtsmelodie, dann las der Vater aus der großen Familienbibel das Weihnachtsevangelium vor, das mit den Worten begann: „In derselben Zeit geschah es, dass vom Kaiser Augustus der Befehl ausging, das ganze Reich aufzuschreiben." Nach den Worten des Evangeliums sang die ganze Familie gemeinsam das Lied „Stille Nacht". Einem Gedicht, das eines der Kinder aufsagte, folgte ein weiteres Weihnachtslied, nämlich „O du fröhliche, o du selige, gnadenbringende Weihnachtszeit". Bei der anschließenden Bescherung hatten die Kinder rote Backen vor Spannung, denn sie wussten ja nicht, was ihnen das Christkind gebracht hatte. Die Kinder glaubten noch an das Christkind. Typisch für die Bescherung war, dass jedes Familienmitglied neben den Geschenken auch eine Tüte mit Weihnachtsgebäck und einer Orange erhielt, die berühmte Weihnachtsorange, eine ausgesprochene Rarität. Die Kinder saßen auf dem Fußboden und spielten mit den neuen Spielsachen, Vater und Mutter saßen am Tisch, aßen von dem Weihnachtsgebäck und tranken ein Glas Wein. An diesem Abend durften die Kinder das einzige Mal im Jahr länger aufbleiben, denn um Mitternacht ging die ganze Familie in die Christmette. Der Besuch der Christmette war eine Selbstverständlichkeit, die Christmette war der Höhepunkt des Heiligen Abends. Für mich ist das Weihnachtsfest im jedem Jahr etwas besonderes, für ein Wohnzimmer ist es der schönste Abend des Jahres. „Ehre sei Gott in der Höhe und Friede den Menschen auf Erden, die guten Willens sind", das ist der Satz des Jahres, meine ich.

HEILIGER ABEND 1980

Auf dem Wohnzimmertisch liegen einige Geschenkpäckchen und die Weihnachtspost, aber es ist im ganzen Haus dunkel und still. Die Eltern von damals leben nicht mehr, die Kinder von damals sind mittlerweile selbst Eltern. In der Wohnung lebt heute der Junge von damals mit seiner Frau und seinen zwei Kindern. Die Einrichtung des Wohnzimmers hat sich natürlich verändert, da wo früher der Herrgottswinkel war, steht jetzt der Fernsehapparat, das alte Sofa mit dem grünen Polster gibt es nicht mehr; auch die Bilder an den Wänden sind neu. Außer den Päckchen und der Weihnachtspost auf dem Tisch deutet nichts darauf hin, dass heute Heiliger Abend ist. Seit einigen Jahren wird Weihnachten in dieser Familie nicht mehr wie früher gefeiert. Vor Jahren wurde noch ein Christbaum aufgestellt, der aber eine elektrische Lichterkette verpasst bekam anstatt der Wachskerzen. Die Krippenfiguren liegen seit langem im Dunkel einer Holzkiste auf dem Speicher.

Die Frau des Hauses verzichtete von Anfang an auf das Backen von Weihnachtsbrötchen, denn diese widersprachen ihrer Vorstellung von gesunder Ernährung. Nichts erinnert mehr an den Heiligen Abend früherer Jahre. Der Heilige Abend wurde nach und nach zum Rahmen, in dem die Familie festlich zu Abend speiste, klassische Musik bildete den akustischen Hintergrund des Mahles. Die Kinder wurden auch nicht mehr mit Geschenken überrascht, sie wussten bereits lange vorher, was sie von den Eltern bekommen würden, an das Christkind glaubte niemand mehr. Für eine Weile blieb der Gang zur Christmette noch im Programm des Heiligen Abends, gleichsam als Schlusspunkt hinter ein paar Stunden feierlichen Gefühls. Seit zwei Jahren beginnt wenige Tage vor dem Heiligen Abend im Hause ein hektisches Treiben, Koffer werden gepackt, Ski-Ausrüstungen überprüft. Die Familie nutzt die Weihnachtszeit zum Winterurlaub. Man will dem Weihnachtsrummel entkommen und sich nicht zum Sklaven des Konsumterrors machen lassen.

Mir fehlt etwas Wesentliches, seit ich Weihnachten nicht mehr mitfeiern kann, seit ich nicht mehr der Raum bin, in dem Weihnachten zu spüren, zu hören, zu sehen und zu riechen ist. Und noch eine Kleinigkeit am Rande: Früher freute ich mich in der Weihnachtszeit immer auf den Tag, an dem die Sternsinger mir den exotischen Geruch von Weihrauch brachten. Aber seit Jahren dürfen die Heiligen Drei Könige nicht mehr eintreten, auch wenn sie die Frage nach Einlass noch so laut vor der Haustüre stellen. Heute Abend ist es still und dunkel im Haus, ich befürchte, dass es in den Herzen vieler Menschen ebenfalls unheimlich still und dunkel geworden ist. Niemand verkündet ihnen eine große Freude, deshalb suchen sie nach möglichst viel Spaß.

HEILIGER ABEND 1993

Die Eltern sind älter geworden, rasante Ski-Abfahrten sind nicht mehr ihre Sache. Die Kinder sind auch älter geworden und leben nicht mehr im Haus. Aber die Eltern verbringen die Weihnachtstage auch heute noch nicht zu Hause, sie nutzen die Tage um Weihnachten für ihre jährliche Bildungsreise. Wenn ich in den vergangenen Wochen richtig gehört und gesehen habe, dann befinden sie sich am heutigen Heiligen Abend in Südamerika auf den Spuren der Azteken.

Und dennoch ist heute Abend hier einiges los. Die beiden Kinder sind da, sie sollen das Haus hüten, solange ihre Eltern auf Reisen sind. Heute Abend findet

im Wohnzimmer eine Party statt, die beiden haben ihre Freundinnen und Freunde eingeladen. Man hat mich geschmückt mit Girlanden, wie man sie von Fastnacht her kennt, in der Ecke, in der früher der Christbaum stand, steht heute ein CD-Player mit zwei Riesenlautsprechern, er liefert die Musik für die Party. Ein kaltes Büffet ist aufgebaut, und in mehreren Sektkübeln werden Getränke aller Art gekühlt. Die Party hat ein Motto, es lautet „Bethlehem live". Für die Party-Teilnehmer galt die Auflage, „bethlehemmäßig" zur „Stall-Party" zu erscheinen. Und so tanzen heute Abend Engel mit Hirten, Könige mit Schafen. Ein tierisches Vergnügen sei dieser Abend, sagte vorhin einer der Könige zu dem Engel, den er bei Tanzen in den Armen hielt.

Nur ein einziges Mal an diesem Abend wurde es leise im Raum, als nämlich das Telefon klingelte, und die Eltern aus dem fernen Südamerika ihren Kindern eine „Fröhliche Weihnacht" wünschten. Wozu dieser Wunsch, frage ich mich. Den ganzen Abend über wundere ich mich schon, was aus dem Weihnachtsfest geworden ist. Die Düfte sind weg, das Geheimnis ist weg, der Sinn ist weg. Am Bücherregal hängt eine Spruchkarte, auf der steht: „Die Zeiten ändern sich, und wir ändern uns mit ihnen." Aber muss es so sein, dass der Zeitgeist die Menschen verändert? Müssten nicht die Menschen den Geist der Zeit ändern? Aber vielleicht ist es in anderen Häusern ganz anders als bei uns, ich hoffe es wenigstens.

DAS TRÄCHTIGE KRIPPENSCHAF

Die Weihnachtskrippe nahm in jedem Jahr einen beträchtlichen Raum in der Kirche ein. Der linke Seitenaltar wurde zugebaut, einige Bankreihen auf der linken, der „Frauenseite" wurden entfernt. Die Krippe wurde auf dieser Seite aufgebaut, weil das Altarbild des Seitenaltares eine gewaltige Gesamtansicht Jerusalems zeigte samt dem Hügel von Golgotha. Über die drei Kreuze auf dem Hügel Golgotha hängte der Mesner an Weihnachten einen großen, güldenen Schweifstern, damit das Kind in der Krippe durch den Anblick seines eigenen, schrecklichen Endes nicht geängstigt würde. Der Mesner machte sich eben so seine Gedanken. Der Stall war im Stile eines Bauernhauses aus dem Schwarzwald gebaut, das ausladende Walmdach reichte fast bis auf den Boden.

Aus Granitsteinen waren gefährliche Felsmassive errichtet; auf einem der Felsmassive breitete ein Adler seine Schwingen aus, er war im Begriff, über dem Ort des heiligen Geschehens zu kreisen. Auf den blühenden Kirschbäumen, die im Wechsel mit hellgrünen Palmen den Stall von Bethlehem umstanden, saßen Buchfinken, Rotkehlchen, Blaumeisen und ein grellfarbener Papagei. Der gesamte Krippenkomplex war von einer riesigen, rosaroten Burgmauer umgeben. Auf einer der Mauerzinnen stand ein im Krähen erstarrter Hahn; nach der Interpretation des Mesners war dieser Hahn genau der Hahn, der nach der dreimaligen Verleugnung Jesu durch Petrus seine Stimme als strafender Rufer des Gewissens erheben würde, obwohl dem Mesner hätte klar sein müssen, dass Hähne, auch wenn sie noch so gepflegt werden, keine dreiunddreißig Jahre alt werden.

Im Stall stand eine Futterkrippe, in der ein kleines Kind mit einem großen Heiligenschein lag, der so groß war, dass er das Kind beim Liegen sichtlich behinderte. Daneben stand Maria, angetan mit einem blauen Mantel, um ihr Haupt ein Kranz von zwölf Sternen. Josef, der Nährvater, stützte sich auf einen mittleren Baumstamm und trug in der rechten Hand eine Stalllaterne mit einer roten Kerze. Im Hintergrund des Stalles versanken Ochs und Esel in aufgeschütteten Heubergen, an der Rückwand des Stalles hing ein Schwarzwälder Bollenhut. Links neben dem Stall weideten zwischen dunkelgrünen Buschgruppen zwei braune Wälderkühe, und direkt vor dem Stall kauten vier Schafe das soeben abgerupfte Gras.

Fünf Hirten bewachten vier Schafe. Einer der Hirten saß auf einem Stein und wies mit dem ausgestreckten linken Arm hinauf zum Schweifstern über der Krippe; ein Hirtenjunge näherte sich dem Stall, auf seinen Schultern trug er ein kleines Schaf.

Um den Giebel des Stalles wand sich ein Spruchband, auf dem in Sütterlinschrift „Ehre sei Gott in der Höhe" zu lesen war. Am Tag vor dem Dreikönigsfest näherten sich dem Stall von der rechten Seite kommend drei Könige zu Fuß, ein Diener führte ein Kamel am Zügel hinterher. Das Kamel sah unsäglich dumm aus und zeigte seine gelblichen Zähne.

Einen Märchen erfahrenen Betrachter erinnerte das dargestellte Krippengeschehen stark an die Szene im Märchen von Dornröschen, in der das Leben in einer Sekunde zu einem leblosen Prospekt erstarrte. Der phantasiebegabte Betrachter stellte sich manchmal vor, wie es weitergehen würde, wenn die Szene plötzlich lebendig würde, wenn die Figuren aus ihrer Erstarrung erwachen würden. Dann würde sich der Adler zu majestätischem Flug erheben, der Hahn würde zu Ende krähen, der kleine Hirte das Schaf von seinen Schultern nehmen und die Schafe ihr gerupftes Gras zu Ende kauen. Das dämliche Kamel würde endlich seine gelben Zähne im Maul verbergen, die Blütenblätter der Kirschbäume würden zur Erde schweben, damit endlich die Zeit der Reife kommen könnte.

Die meisten Tiere rechneten es sich als Ehre an, Zeugen des göttlichen Geschehens zu sein. Nur eines der Tiere war aufs äußerste unzufrieden mit seiner Lage. Weit entfernt vom Stall, im Schatten der rosaroten Burgmauer, graste in jedem Jahr ein trächtiges Schaf. An sich ist es ja etwas völlig Natürliches, dass Schafe trächtig werden, doch das trächtige Krippenschaf hatte von der schon Jahre dauernden werdenden Mutterschaft die Nase voll. Auch das Gras, das es seit Jahren immer von derselben Stelle rupfen musste, schmeckte ihm schon lange nicht mehr. Und in jedem Jahr grinste das Kamel in die Richtung, in der die werdende Mutter stand, als wollte es fragen: „Na, schon wieder oder immer noch?" Fast alle Kinder, die mit ihren Eltern zusammen die Krippe betrachteten, deuteten nach kurzer Zeit auf das Schaf im Schatten der Burgmauer und sagten: „Das ist aber ein dickes Schaf."

So kam es, dass das Schaf eines Tages den angehaltenen Film für sich weiterlaufen ließ, denn der Zustand der Erstarrung war ihm von Herzen zuwider. Auf einen erlösenden Prinzen wie bei Dornröschen konnte man nicht warten, denn in der Weihnachtsgeschichte kam nicht ein einziger Prinz vor, es traten nur ausgewachsene Könige auf, teils grausam, teils aus dem Morgenland. Des Nachts, zwei Tage nach Weihnachten, handelte das Schaf. Draußen tobte ein Sturm, ein Wintergewitter zog mit Donner und Blitz über das Dorf. In dieser Nacht begann das Schaf

zu gebären. Und es gebar nicht nur ein Schaf, nein, in dieser Nacht gebar es all die nichtgeborenen Schafe der vergangenen Jahre. Stolz blickte das ehemals trächtige Schaf auf die beträchtliche Zahl seiner Nachkommen.

Als der Mesner am Morgen die Kirche betrat, war der Platz vor der Krippe weiß von kleinen Schafen, und es sah aus, als seien Riesenschneeflocken durch das Kirchendach gefallen. Der alte Mesner schaute sich das Ganze lange an, dann murmelte er vor sich hin: „Gott sei Dank! war es nur ein Schaf. Wo kämen wir denn hin, wenn auf einmal die ganze Geschichte von Betlehem lebendig würde, da würde sich ja alles verändern." Und für Veränderungen war der alte Mesner nicht, weil Veränderungen immer Unruhe mit sich bringen.

EINE KATZE ERLEBT WEIHNACHTEN

Jetzt ist die schlimme Zeit wieder angebrochen, in der es mit meiner Ruhe zu Ende ist. Heute hat man mich schon dreimal vor die Tür gesetzt. Und ausgerechnet immer in der Zeit wird es in der Wohnung ungemütlich, wenn es draußen ebenfalls ungemütlich ist. Es ist die Zeit, in der so weißes Zeug im Hof und im Garten liegt, das die Füße nass und kalt macht. In der Wohnung wäre es schon gemütlich, denn im Wohnzimmer, wo ich normalerweise auf dem Sofa liege, ist alles umgeräumt, und es sind viele neue Dinge da, mit denen man sich beschäftigen kann.

Sogar ein leibhaftiger Baum steht dann im Wohnzimmer. Aber alles, was Spaß macht, ist in dieser Zeit verboten. Gestern Nachmittag habe ich mit so runden Dingern gespielt, die am Baum hängen und glänzen. Eines von diesen runden Dingern ist heruntergefallen und schon saß ich vor der Tür. Eines der Kinder hat mich wieder in die Wohnung hereingelassen. Ich habe mich unter den Baum gelegt, da lag nämlich Moos und das war sehr angenehm zum Liegen. Als ich mich zurechtlegte, um möglichst gut zu liegen, habe ich in einem Häuschen, das auch unter dem Baum stand, ein paar kleine Figuren umgeworfen, die Menschen und Schafen ähnlich sahen, aber viel kleiner waren. Das Ergebnis war, dass ich mich vor der Tür wieder fand.

Vorhin stand auf dem Tisch im Wohnzimmer ein großes rundes Gefäß, in dem etwas zu fressen war. Ich habe davon probiert, es ist zwar nicht ganz mein Geschmack, weil ich Süßes nicht so gerne fresse, aber probieren kann man ja mal. Aber das scheint auch wieder falsch gewesen zu sein, denn die Hausfrau, die ins Zimmer kam, stieß einen spitzen Schrei aus, so dass ich vor Schreck das runde Gefäß vom Tisch warf. Kurz darauf saß ich wieder vor der Tür, und die Frau rief mir Drohungen und Verwünschungen nach.

Heute Morgen hat mich der Mann rausgeworfen, nur weil ich meine Krallen an einem eckigen Gegenstand gewetzt habe, den die Menschen Päckchen oder so nennen. Dabei hat es sehr viel Spass gemacht und außerdem hat es so schön geklirrt, als dieser Gegenstand vom Tisch fiel. Die Menschen sollen doch Dinge, die nicht hinunterfallen dürfen, auf den Boden stellen, dann können sie ja nicht hinunterfallen.

Mit Schrecken erinnere ich daran, was das letzte Mal los war, als diese schlimme Zeit ausgebrochen war. Da stand auch ein Baum im Zimmer und an dem hingen auch so runde, glänzende Dinger, und die Äste hatten so etwas wie Haare, die herunterhingen und ebenfalls glänzten, wenn das Licht im Zimmer eingeschaltet war. Ich spielte mit dem Baum und hakelte nach dem Baumhaar. Dabei geriet ich mit meiner rechten Vorderpfote in ein ganzes Knäuel von Haaren. So sehr ich auch zog, ich bekam meine Pfote nicht frei, und das Haar ging dem Baum auch nicht aus. Von draußen hörte ich Schritte, die sich dem Zimmer näherten. Da ich befürchtete, ins Freie befördert zu werden, wenn man mich beim Spielen mit dem Baum erwischte, zog ich mit aller Macht, um mich zu befreien. Da neigte sich der Baum plötzlich zur Seite, im letzten Moment konnte ich mich losreißen und mich vor dem fallenden Baum in Sicherheit bringen. Ich sprang aufs Sofa und legte mich sofort in Schlafposition, denn wenn herauskäme, dass ich den Baum zu Fall gebracht hatte, würde das leicht zu einer Katastrophe führen.

Die Hausfrau öffnete die Zimmertür, sie schrie nicht, sie blickte sprachlos. Sie blickte zu mir herüber, was ich aus den Augenschlitzen heraus sah, kam auf mich zu, nahm mich wortlos und warf mich hinaus, und zwar zum Fenster hinaus. Allerdings ist die Wohnung ebenerdig, so dass ich nicht tief fiel. Drei Tage durfte ich anschließend nicht mehr ins Haus. Als ich vor dem Haus im Schnee stand, wurde mir auch klar, warum ich als Übeltäter entlarvt worden war. An meiner Vorderpfote hing noch ein ganzes Büschel Baumhaar, das die Menschen auch Lametta nennen.

Ich bin heilfroh, wenn diese eigenartige Zeit wieder vorbei ist, in der die Menschen einen Baum in die Wohnung stellen. Dies ist nämlich eine fürchterliche Zeit.

DIE NEUNUNDZWANZIGSTE WEIHNACHTSFEIER

Nachdem er das Ganze noch einmal durchgelesen hatte, war ihm klar, dass er diesen Text nicht in die Redaktion bringen konnte. Er hatte einfach das in die Maschine getippt, was ihm nach der neunundzwanzigsten Weihnachtsfeier in den Sinn gekommen war, und das war ganz und gar nicht weihnachtlich. Schon die Überschrift war unmöglich: „Lametta, Tombola und viel Gelaber". Er riss das Blatt Papier aus der Schreibmaschine, zerknüllte es und warf es in den Papierkorb.

Dabei war er so stolz gewesen, als er diesen Auftrag erhalten hatte. Schon früher hatte er ab und zu Berichte für die Zeitung geschrieben, und als nun zur Weihnachtszeit ein asiatischer Grippevirus durchs Land zog und einige Mitarbeiter der Zeitung ins Krankenbett zwang, hatte man ihn engagiert, um über die Weihnachtsfeiern von Vereinen, Betrieben und anderen Institutionen zu berichten. Er studierte in Freiburg, war aber in den Weihnachtsferien zu Hause. Zeitungen zahlen zwar nicht besonders gut, aber ein Taschengeld sprang bei der Berichterstattung schon heraus.

Doch neunundzwanzig Weihnachtsfeiern in zwölf Tagen, das hält auch der abgebrühteste Mensch nicht unbeschadet aus. Er hatte Weihnachtsfeiern von Gesangvereinen, Sportvereinen und Musikvereinen besucht, er war bei der Weihnachtsfeier eines Mandolinenvereins und eines Harmonikaclubs, ja sogar bei der Weihnachtsfeier der Belegschaft eines sehr mondänen Hotels. Auf allen neunundzwanzig Weihnachtsfeiern war das Lied „Stille Nacht" vorgekommen, neunundzwanzig Mal hatte er es gehört, von einem Männerchor gesungen, von einem gemischten Chor vorgetragen, von Blechbläsern intoniert, von Mandolinen variiert, selbst die Fußballer vergingen sich an diesem Lied. Er war sicher, dass er einen Schreikrampf bekommen würde, wenn in nächster Zeit in seiner Umgebung dieses Lied gesungen würde. Wenn man „Stille Nacht" das Weihnachtslied der ganzen Welt nannte, so hieß das offensichtlich, dass jeder sich daran versuchen konnte.

Zu Beginn seiner Tätigkeit als journalistische Aushilfe war er noch stolz, wenn der Vorsitzende eines Vereins ihn bei der Begrüßung als den Vertreter der Presse namentlich erwähnte. Doch mit der Zeit kam ihm die namentliche Begrüßung wie eine Drohung vor, denn aller Augen richteten sich dann auf ihn, man schien sich sein Gesicht einzuprägen. Und wehe, er würde über ihren Verein kürzer oder weniger lobend schreiben als über den Verein im Nachbarort.

Und keine Feier ohne Tombola, ohne die berühmte Weihnachtstombola. Ein Hauptpreis und ungezählte Klein- und Kleinstpreise, vom Waschlappen über den Kleiderbügel bis zum Aftershave, die Usambara-Veilchen nicht zu vergessen. Die Verlosung fand meistens gegen Ende der Veranstaltung statt, dadurch verhinderte man, dass die Besucher der Weihnachtsfeier zu früh nach Hause gingen.

In der Zeitung musste dann dieses Geschehen als „Verlosung einer reichhaltigen Tombola" oder so ähnlich erscheinen. Ihm schien, dass eine Tombola letztlich nur zwei Menschen erfreute: den Gewinner des Hauptpreises und den Kassierer des jeweiligen Vereines. Besonders lustig waren die Verlosungen, bei denen der Bäcker die von ihm gestiftete Torte gewann, der Metzger den von ihm gestifteten Schinken und der Wirt das Mittagessen für zwei Personen in seinem eigenen Lokal.

An die Weihnachtsreden, die bei diesen Feiern gehalten wurden, konnte er sich im Einzelnen nicht mehr erinnern. Er wusste nur noch, dass jeder Redner einen Dichter zitierte und dass bei neunundzwanzig Weihnachtsfeiern vierzehn Mal der Dichterfürst Goethe zu Wort kam, einer der Redner schreckte nicht davor zurück, in der Weihnachtsfeier den Osterspaziergang aus dem „Faust" zu zitieren. Selbstverständlich blickte jeder Redner auf das vergangene Jahr zurück und stellte fest, dass es ein erfolgreiches Jahr war. Und zum Schluss ihrer Reden blickten die Redner optimistisch in die Zukunft. An die Rede schloss sich im Allgemeinen das „Stille Nacht" an.

Er starrte immer noch auf seine Schreibmaschine, als das Telefon klingelte. Der Redakteur der Zeitung rief an und fragte, mit wie viel Zeilen er rechnen könne, um neun Uhr am nächsten Tag brauche er den Text. Der Aushilfsjournalist gab sich einen Ruck, spannte ein neues Blatt in die Schreibmaschine und begann zu schreiben: „Melodien aus dem Schatzkästlein. Die Weihnachtsfeier des ....vereins lief in diesem Jahr auf einem ungewöhnlich hohen Niveau ab. Im festlich dekorierten Saal des Hotels „Engel" hatte sich die Familie der Freunde der ....musik zu ihrer diesjährigen Weihnachtsfeier eingefunden ....

'S Gliche wie in jedem Johr

Was von Wihnaachde bliewe isch, isch de Krischdbaum, wo hinderm Hus leit un druf wardet, dass en einer zemmehackt; un Wihnaachdsbrödli sin bliewe, Schachdle un Gugge voll Wihnaachdsbrödli aller Art. Ehrlich gsait, ich konn des Zeigs nimmi sähne un esse schu gar net. Die einzig Art vun Wihnaachdsbrödli, wo ich monchmol iss, sin Schpringerli, awer siter ä baar Woche hab ich zwei Brucke im Muul, un ich weiß net rächd, ich will jo net, dass so ä Schpringerli die Brucke zum leschdurz bringt. Immer wenn ich Wihnaachdsbrödli sieh, denk ich audomadisch on Essiggurke, on Suurkrudd, on Häring odder on Meerreddichsoß.

Erinnerunge on d Wihnaachdsdäg sin nadirlig au bliewe, awer des sin net die beschde Erinnerunge. Om erschde Wihnaachdsfierdi wär´ ich faschd deheim uszooge, un zwar wege de Musik. In de Kichi het Frau im Radio Wihnaachdsliader ghört, de Suhn het in sinem Zimmer ä Musik laufe ghet vunere englische Rockgrupp, die de net hesch oohorche kinne, un d Dochder het im Wohnzimmer Musik ghört, un die war genauso schlimm. Im Husgong het sich des Gonze getroffe, ´s war ä akuschdisch´s Kaos. Vor Wued bin i nus un hab dezwische gsunge, so lut wie´s gonge isch: Im Frühtau zu Berge.

Om zweide Wihnaachdsfierdi war wie in jedem Johr die vun mir gfirchdede Wihnaachdsfeier im Kreis vun de Verwondtschaft vun minere Frau. Do triffd mer sich om Nommidag zum Kaffee-Trinke un die Sitzung endet mitem Obendesse. Un ´s war in dem Johr wie in jedem Johr. Wie in jedem Johr het mer mich widder näwe de Unkel Fronz un de Unkel Karl gsetzt, de eine isch viereachzig un de onder sechseachzig. Währendem Kaffeetrinke isch net viel gschwätzt wore, awer nochem Kaffee het´s Wii gäh, un no isches mit de Zit immer ludder wore. Nochem zweite Glas Wii sin die zwei Unkel wie in jedem Johr mitenonder ins Gschpräch komme, un wie in jedem Johr isches um de Krieg gonge.

„Karl, wo bisch du jetz domols gläge?" het de Fronz gfroogt. „Oofongs bin i in de Normondie gläge, un zwar bi Djepp."

Mit dene zwei Sätz eröffne die zwei siter Johre ihri wihnaachdliche Kriegserinnerunge, un jedes Johr verzehle sie s Glichlige: Vum schdrenge Winter in Russlond, vum Hauptmonn Walter un vum Hauptmonn Harter. Un wie in jedem Johr gwinne die zwei nochträglich de Krieg, wemer nur sie hätt mache losse.

Mir gegeniwer sin die zwei Kusine vun minere Frau gsesse, un dene ihr Gschprächsthema war au desselwe wie in de Johre vorher. Die zwei hen zunächschd iwer Kronkheite gschwätzt, iwer eigeni Kronkheite, iwer Kronkheite vun Bekonnte, iwer Kronkheite, womer ewenduell bekomme kinnt. Un wo´s Thema Kronkheite z End war, no hen sie sich gschdeigert, no isches nämlig ums Schderwe gonge. Sie hen verzehld, wer in de ledschde Woche gschdorwe isch, wer im Moment om Schderwe rum macht, un wer´s wahrschinlich nimmi long mache däd. Wie sie no vum Schderwe ufs Kuechebacke komme sin, isch mer net gonz klar, uf jede Fall hen sie plötzlich iwer Kuecherezepde babbelt.

Ich will jetz net om Alkohol s Wort rede, awer ich konn de Wihnaachdsnommidag mit de Verwondtschaft nur durch Genuss vun Klingelberger iwerläwe. Womer obends heim sin, hab ich wie jedes Johr widder en gmäßigter Rusch ghet. D Frau het döwert wie in jedem Johr un gsait, ich däd jedes Johr on dem Dag iwermäßig suffe, un ich hab wie jedes Johr gsait: „Des isch kei Rusch, des isch ä notwendigi örtlichi Betäubung, denn des Gschwätz vun dinere Verwondtschaft isch fir mich fahrlässigi Körperverletzung." Un no het d Frau pfuhst wie in jedem Johr. Awer wenn de des Pfuhse gwöhnt bisch, ´s däd der grad ebs fähle, wenn sie mol net pfuhse däd.

Modernes Motto: Wissen ist Macht, aber Nicht-Wissen macht auch nichts

En Trend konnsch net ufhalte, en Trend isch wie ä Lawin, do konnsch bloß hoffe, dass de net niigrootsch. Om beschde isches, wenn de ä wenge uf d Sit trittsch un wartsch, bis de Trend verbei isch, sunschd risst er dich mit, uhni dass de dich wehre konnsch. Iwrigens hab ich des Gfiehl, dass monchi mit Begeischderung in jeden neie Trend niihopse, die nemme des als ä Art Schbort, mer kinnt faschd sage, 's git so ä Art Trend-Sörfing, jedi modisch Well wurd mitgmacht. Awer au bi de Trends git's Underschiede. Es git Trends, wie zum Beischbiel in de Modi odder in de Musik, die sin offesichdlich, awer denäwe git's Trends, die merksch gar net richdig, die verlaufe mäh underschwellig.

Vor ä baar Däg hab ich mol Ontworte gläse, die Schialerinne un Schialer uf Frooge noch de Advents- un Wihnaachdszit gäh hen. Im iwrige het sich's net um Grundschialer ghondelt, sondern um Schialer, die schu ä wenge älter ware, die Schialerinne un Schialer ware alli us unserer Gegend, mer kinnt sage, sie ware us Achere, um Achere un um Achere rum. Die Frooge ware wirklich kei hochtheolo- gischi Frooge, womer hätt schdudiert ho miasse, um sie beontworte zu kinne.

Uf die Froog, was denn die Gschenke vun de Drei Kinig ware, isch folgendes oogebodde wore: Gold, Weihrauch, Salbei, Minze, Möhren. Gold un Weihrauch isch richdig, Möhren kinnt mer ewenduell grad noch durchgieh losse, denn des klingt winigschdens so ähnlich wie Myrrhe, des konn mer also schu mol ver- wechsle. (Fir die, die's indressiert: Myrrhe wurd gwunne ussem Myrrhen- schdrauch, un zwar wurd d Rinde iegschnidde, un de Saft, wo ruslauft, trocknet on de Luft, un des, was no entschdäht, nennt mer Myrrhe. In de Myrrhe drin sin Harze, Gummi un ätherischi Öle).

Au uf die Froog nochem römische Kaiser, unter dem sinere Herrschaft die Volkszählung schdaddgfunde het, die de Josef un d Maria vun Nazaret noch Bethlehem gfiehrt het, het's indressonti Ontworte gäh: De Cäsar isch als Ontwort vorkomme, awer au Lit wie de Pontius Pilatus, de Nero, de Ramses un sogar de Friedrich de Grooße. (Kaiser Augustus wär richdig gsi.) In Sache Kindermord vun Bethlehem isch nochem Kinig gfroogt wore, der des Gonze ver- oonlosst het, wil er um sin Herrschaft gfirchtet het. Erschdaunlicherwies hen die meischde gwisst, dass des de Herodes war, allerdings het iwer d Hälfti gschriewe ghet , 's wär de Herr Rodes gsi, prakdisch de Monn vun de Frau Rodes.

Schbonnend isches wore bi de Ufgab: Ergänze den Satz „Ehre sei Gott in der Höhe und …" Ich will jetz net alli Variazjune nenne, die oogebodde wore sin, uf jede Fall war der om meischde zitierte Satz: „Ehre sei Gott in der Höhe und in der Tiefe" odder „Ehre sei Gott in der Höhe und unten". Den Satz „Ehre sei Gott in der Höhe und Friede den Menschen auf Erden" hen nur zwei vun ugfähr fünfezwonzig Schialerinne un Schialer notiert ghet. Un noch eins: Wenn alli die, wo net wisse, worum mer eigentlich en Krischdbaum ufschdellt, kei Krischdbaum ufschdelle derfte, no däd monches Dännli un Fiachdli dusse im Wald iwerläwe. Denn ä Ontwort wie „Mer brucht jo ebs, womer d Gschenke drunterlege konn" isch schu ä wenge arg verkehrt.

Bi kirchliche Feschde nix mäh zu wisse odder nix Gnau´s mäh zu wisse, des isch inzwische de Trend, un wie gsait, ´s isch wirklich faschd unmöglich, so en Trend zu schdoppe. Zum Schluss noch eins: Ich hab nämlich noch folgendes Problem: Immer wenn ebber zu mir sait „Schiini Wihnaachde!", no froog ich mich, was der mir eigentlich wünscht.

Weihnachtliche Weisen und eine reichhaltige Tombola
Der Gesangverein „Harmonie" lud zur Weihnachtsfeier

Melodien aus dem Schatzkästlein
Besinnliche Weihnachtsfeier des Mandolinenvereins

Das Weihnachtslied der ganzen Welt
Mit einem Theaterstück über die Entstehung des Liedes „Stille Nacht" begeistert die Landjugend die Besucher

Denn die Liebe,
die wir geben,
kehrt ins eigne
Herz zurück.

DIE BOTSCHAFT
UND DER ALLTAG

Om Wihnaachdsfeschd entgege

Immer wenn´s uf Wihnaachde zuegäht, fallt mer ä Erläbnis ii, wo ich vor viele Johre kurz vor Wihnaachde ghet hab. Ich war domols Schialer ime Internat, un dreimol im Johr hemer heimfahre derfe in Ferie, un zwar on Oschdere, im Summer un on Wihnaachde. Ich hab domols, also vor viele Johre, min Fahrt in d Wihnaachdsferie in Fronkfurt underbroche, um no ä wenge durch d Schdadt zu bummle un um ä baar Wihnaachdsgschenkli zu kaufe. Ich war domols faschdgar achtzehn Johr alt.

Noch zwei Schdunde Schdadtbummel bin i no widder on de Bohnhof gonge, um min Heimfahrt fortzusetze. ´S het um die Zit ä günschdigi Verbindung gäh mitem D-Zug „Metropolitano", der Zug isch vun Fronkfurt noch Mailond gfahre un der Zug het in Bade-Oos ghalte. Un vun Bade-Oos war´s jo nimmi wit bis heim. Obwohl´s no zehn Minudde bis zur Abfahrt vum Zug ware, un obwohl der Zug in Fronkfurt erschd iegsetzt wore isch, war er schu vollbsetzt. Mit minem Koffer unere Guck voll Wihnaachdsgschenkli hab i mi durch die schmali Gängli zwängt, um villichd do no en Sitzplatz z finde. Faschd hätt i d Hoffnung schu ufgäh, do hab i so ussem Augewinkel gsähne, dass ime Abdeil no en Sitzplatz frei war. Ich hab d Schiabdier ufgmacht un gfroogt, ob der Platz no frei sei. Un während i gfroogt hab, hab i mi im Abdeil umguckt un denkt: Om beschde isch´s, ich gäh widder un mach d Schiabdier vun usse zue. Der Platz sei no frei, het einer gsait, ich soll nur riikomme.

Allmächdiger, wo bin i do nogroote, hab i mer denkt, wo ich mi uf den freie Platz gsetzt hab. Miner Koffer hab i uffem Bode schdieh losse miasse, wil die Gepäck-netze im Abdeil voll belegt ware mit Koffer, Kardongs, Dasche un sogar mit Hushaltsgeräte. Do bin i also jetz ime Abdeil gsesse zemme mit fünf Idaljener. Der, wo mir gegeniwer gsesse isch, het gsait: „Zug sehr voll." Du merksch awer au alles, hab i mer denkt, un hab mer vorgnumme, mich schwär in acht z nemme. Fünf Idaljener! Wo ich en Blick noch rächds gworfe hab, hab i gsähne, dass uf dene Klabbdischli om Fenschder Käs, Wurschd un Brot gläge sin, un drei Flasche Wii sin dert gschdonde, un zwei ziemlich grooßi Messer sin dert gläge.

Fünf Idaljener! Zwei grooßi Messer! Drei vun mine Mitreisende hen die tipische südländische Schnuzzbärt ghet, einer het vor sich noogsummt. Der wo mir gegeniwer gsesse isch, het mich jetz widder oogschproche: „Wir fahren nach Hause. Mama, Papa, Brüder und Schwestern besuchen. Weihnachten wir fahren immer nach Hause." Isch jo rächd, hab i denkt, awer wen indressiert des schu.

Ich bin net schlächd zemmezuckt, wo der, wo rächds näwe mir gsesse isch, mich om Arm zupft het. „Komm, Kamrad, trink mit uns. Wir feiern." Un schu het er mir en Plaschdiggbecher nooghowe, un ich hab gar net onderschd kinne, ich hab trunke. Rotwii usseme Plaschdiggbecher. Fünf Idaljener! Drei Schnuzzbärt! Zwei grooßi Messer!

Jetz het einer vun dene om Fenschder nochem Messer griffe, un no het er ä Schdick Wurschd ragschnidde un het mer die Wurschd gäh. Ich hab des Schdick Wurschd gnumme, was hätt i au sunschd mache solle. Ich hab regischdriert, dass d Fingernägel vun dem, wo mir die Wurschd obodde het, net arg suufer ware. D Wurschd war awer gued, un de Rotwii war au gued.

Was zwische Fronkfurt un Bade-Oos bassiert isch, des war schu ziemlich komisch. Un des Komischdschde war, dass ich mich in dem Abdeil immer wohler gfiehlt hab. D Idaljener hen mir Fodos zeigt vun ihre Fomilje, sie hen mich mit Wurschd, Brot un Wii versorgt, hen vun Idalje verzehlt un vun deheim. Mich hen die Trauerränder under de Fingernägel nimmi gschdört, mich het au de Plaschdig-gbecher nimmi gschdört, obwohl er usgsähne het, wie wenn die fünfi siter Dort-mund drus trunke hätte. Un die Schnuzzbärt simer immer simbadischer wore.

Mit Sicherheit isches au om Alkohol gläge, dass ich zu dene fünfe gsait hab, ich däd ihne jetz ä Wihnaachdslied vorsinge. Oondächtig hen sie zueghorcht, un wo ich mit minem Lied ferdig war, hen sie klatscht un hen mer uf d Schulter klopft.

Womer durch de Bohnhof vun Raschdadd durchgfahre sin, isch´s Zit wore firs Abschiednemme. ´S war ä einzigi Umarmerei, sie hen mer schiini Wihnaachde gwunsche, einer het mer ä Flasch Wii in d Hond druckt un en onderer het mer ä Wurschd in d Mondeldasch gschdeckt. Wo ich dusse uffem Bohnschdeig gschdon-de bin, hen im offene Fenschder vum Abdeil fünf Gsiichder gschdrahlt. „Tschau amiko, arriwederdschi, buon natale!" hen sie gruefe. Un ich hab s Gliche gruefe. Ich hab ne noch gwunke, wo d Schlussliachder vum Zug schu nimmi zu sähne ware.

„Buon natale, amiko!" hab i zume Monn gsait, wo näwe mir uffem Bohnschdeig gschdonde isch. „Versoffes usländisch´s Pack", het der zue mer gsait, „guck bloß, dass de Lond gwinnsch, du Schbaggeddi!"

No hab i gwisst, jetz bin i widder deheim.

DER HASE VON BETHLEHEM

Es war eine polierte Schachtel aus Tannenholz von der Größe eines Schuhkartons. Die Schachtel war mit einem kleinen Vorhängeschloss vor neugierigen Zugriffen gesichert, die Schlüsselgewalt zu diesem Behältnis lag beim Vater, aber niemand wusste, wo er diesen Schlüssel aufbewahrte. Ebenso wusste niemand in der Familie, was sich in dieser Schachtel, die fast ehrfurchtsvoll „Das Geheimnis" genannt wurde, wirklich befand. Ab und zu, wenn er alleine zu Hause war, öffnete Vater das Kästchen, das für ihn ein Tresor der Erinnerungen war, nahm einzelne Dinge heraus, hielt sie in Händen und betrachtete sie. An seinem Gesichtsausdruck konnte man ablesen, ob die Erinnerung eher freudig oder eher traurig war, die Erinnerungen spiegelten sich in seinem Gesicht.

Ein wertvolles Stück im Tresor der Erinnerungen war die alte Taschenuhr seines Großvaters, die längst ihren Dienst aufgegeben hatte und die auch nicht mehr zu reparieren war, wie ihm mehrere Uhrmacher versichert hatten. Er hütete sie dennoch wie einen Schatz, denn kurz vor seinem Tode hatte der Großvater ihm diese Uhr vererbt. „Wenn meine Zeit abgelaufen ist, dann soll sie dir die Zeit anzeigen", hatte der alte Mann lächelnd gesagt. Dass die Uhr nicht mehr ging, hatte er sich selber zuzuschreiben, denn er hatte als Kind Untersuchungen angestellt, um herauszufinden, wie die Uhr seines Großvaters funktionierte und sie dabei irreparabel beschädigt. Was die Uhr für ihn aber immer noch wertvoll machte, war neben der Erinnerung an seinen Großvater, den er sehr geliebt hatte, die Gravur auf dem Sprungdeckel der Uhr. Dort stand der lateinische Satz „In principio errat verbum". Erst als er im Gymnasium Latein lernte, war ihm das Geheimnisvolle dieser Gravur klar geworden. Das Johannesevangelium beginnt nämlich mit dem Satz: „In principio erat verbum", was auf Deutsch heißt: Im Anfang war das Wort, auf dem Sprungdeckel der Uhr aber stand „In principio errat verbum", „errat" mit zwei r und das heißt etwas völlig anderes, nämlich: Im Anfang irrte das Wort.

Im Tresor der Erinnerungen hatte Vater auch Jahre lang einen Hasenkopf aus Holz aufbewahrt. Dieser Kopf hatte ursprünglich zu einem Spielzeughasen gehört, der aus Holz und aus Leder war, und dieser Spielzeughase war der absolute Liebling seines Sohnes gewesen. Der Hase war Jahre lang der ständige Begleiter des Kindes, er war so sehr in Gebrauch, dass immer mehr Teile abfielen. Zum Schluss war nur noch der Hasenkopf mit den beiden Lederohren übrig, bis schließlich der Kopf nur noch ein Ohr hatte, denn das andere hatte der Sohn aus dem Kopf herausgelutscht. Die Liebe zum Hasenkopf blieb bestehen, denn offensichtlich muss das, was man liebt, nicht unbedingt vollkommen sein.

Jahre lang hatte der Hase aus Holz und Leder auch seinen Platz in der Weihnachtskrippe gehabt, für das Jesuskind verzichtete der Sohn einige Zeit lang auf seinen Hasen, er wollte damit dem Neugeborenen eine besondere Freude machen. Der Hase lugte immer an derselben Stelle hinter einem Felsen hervor, und später nahm dann der Kopf allein am Geschehen in der Krippe von Bethlehem teil, aber der Hasenkopf war so angebracht, dass das Jesuskind nicht sehen konnte, dass dem Hasen einiges fehlte. In jedem Jahr baute der Vater die Krippe auf, legte das Moos aus und stellte die Hirten, die Schafe und die heilige Familie an ihre angestammten Plätze. Wenn zum Schluss dann der Junge seinen Hasen aufgestellt hatte, dann erst war die Weihnachtskrippe vollständig.

Irgendwann kam dann die Zeit, in der kleine Jungen sich nicht mehr für Spielzeughasen interessieren und schon gar nicht mehr für einohrige Hasenköpfe. Vater rettete den Hasenkopf und legte ihn in den Tresor der Erinnerungen. Jahre vergingen, Vater und Sohn wurden älter, und irgendwann kam es dann zwischen den beiden zu einem Streit, es ging um eine Kleinigkeit, aber ein Streit um Kleinigkeiten kann bei zwei Sturköpfen zu einem Drama werden. Und Vater und Sohn waren zwei Sturköpfe. Seit damals herrschte zwischen Vater und Sohn eine Art Eiszeit, der Sohn hatte seit jenem Streit das Elternhaus nicht mehr betreten. Mit seiner Mutter hatte er noch Kontakt, und sie besuchte ihn auch manchmal in der Stadt, in der er jetzt wohnte. Der Vater, so schien es, existierte nicht mehr für ihn. Dem Vater tat dieser Streit längst leid, er litt unter diesem Zerwürfnis und er hätte sich gerne mit seinem Sohn ausgesöhnt, aber er brachte es nicht übers Herz, den ersten Schritt zu machen, schließlich war er der Ältere und erwartete vom Jüngeren den ersten Schritt.

Eines Nachts, drei Wochen vor Weihnachten, saß Vater im Wohnzimmer und stöberte im Tresor der Erinnerungen. Mit einem Male hatte er den Hasenkopf in den Händen. Sein Gesicht war zunächst voller Trauer, doch dann verwandelte es sich, nach und nach wurde es von einem Lächeln erhellt. Schließlich stand Vater auf, holte ein leeres Blatt Papier, überlegte eine Weile, dann begann er zu schreiben. Vater schrieb einen Brief an seinen Sohn, es war kein sehr langer Brief, im Grunde waren es nur einige Zeilen. Dann nahm er den Hasenkopf und wickelte ihn in Geschenkpapier ein, beschriftete ein großes Couvert, in das er den Brief und den Hasenkopf steckte. Plötzlich stand Vater auf, verließ das Wohnzimmer und kam nach wenigen Augenblicken mit einer Flasche Sekt zurück. Er nahm ein Sektglas aus dem Schrank im Wohnzimmer, setzte sich aufs

Sofa und ließ den Sektkorken knallen. An einem Werktag spät in der Nacht trank Vater ein Glas Sekt, und es störte ihn auch nicht, dass der Sekt fast lauwarm war. Er feierte einen Sieg, den Sieg über sich selbst, über seine eigene Sturheit. Am anderen Morgen brachte Vater den Brief auf die Post.

Eine Woche vor Weihnachten, Vater kam gerade von einem Besuch bei einem Freund zurück, der im Krankenhaus lag, wunderte er sich beim Anblick seiner Frau. Es schien ihm, als hätte sie kurz zuvor geweint. Noch ehe er fragen konnte, was geschehen sei, sagte sie: „Du, er kommt an Weihnachten." Obwohl er sofort wusste, wer kommen würde, fragte er: „Wer kommt an Weihnachten?" Jetzt begann Mutter wieder zu weinen. „Er kommt, er hat angerufen, dass er kommt, unser Sohn kommt an Weihnachten." Darauf sagte der Vater: „Weihnachten ist immer für ein Wunder gut", dann ging er in sein Zimmer, um nicht zu zeigen, wie sehr ihn diese Nachricht freute.

Am darauf folgenden Tag war bei der Post ein Brief seines Sohnes, der an ihn, den Vater, adressiert war. Er konnte es nicht verhindern, dass ihm bei Öffnen des Briefes die Hände zitterten. Es war kein langer Brief, den ihm sein Sohn geschrieben hatte. „Eine schöne Schrift hat der Kerl", dachte Vater, als er die folgenden Zeilen zu lesen begann: „Lieber Vater! Da unsere Weihnachtskrippe erst dann vollständig ist, wenn der Sohn den Hasen aufgestellt hat, werde ich am Heiligen Abend nach Hause komme, um ihn an seinen Platz zu stellen. Vergiss nicht, eine Flasche Sekt kalt zu stellen, denn ein Mastkalb, das man zur Feier des Tages schlachten könnte, besitzt Du ja meines Wissens nicht. Liebe Grüße Dein Sohn."

Mindestens zehn Mal las Vater den Brief, er las ihn sich immer wieder laut vor. Dann faltete er ihn zusammen, schob ihn ins Couvert zurück, ging zum Tresor der Erinnerungen und während er ihn dort hinein legte, murmelte er vor sich hin: „Der Hase von Bethlehem – unser Wunderhase."

ZWEI KINDER AUF HERBERGSSUCHE

Das Weihnachtsfest in diesem Jahr war für Christine das erste Weihnachtsfest, nachdem sich ihre Eltern getrennt hatten. Es war diese sachliche Form einer Trennung gewesen, wie sie heute nicht unüblich zu sein scheint, keine Trennung mit Vorwürfen, mit Tränen oder gar zurückbleibender Bitterkeit. Das Ganze war wie die Beendigung einer Geschäftsbeziehung gewesen, jeder der beiden entnahm dem Unternehmen, in das schon längere Zeit nicht mehr investiert worden war, seine ihm zustehenden Anteile, das gemeinsame Unternehmen wurde aufgelöst, denn man hatte festgestellt, dass man sich nicht mehr verstand. Es war, wie beide ihren Bekannten gegenüber betonten, einfach nicht mehr gut gegangen, so dass es sich nahe gelegt habe, die Beziehung zu beenden. Zunächst war die Liebe geschwunden, dann hatte sich nach und nach die Beziehung aufgelöst.

Auch was Christine, die gemeinsame Tochter, anging, hatte man sich sehr sachlich geeinigt. Nach Abwägung aller Vor- und Nachteile, hatte man sich entschieden, dass Christine bei der Mutter bleiben sollte, denn während der Vater in eine andere Stadt umzog, blieb die Mutter im Haus, in dem die Familie bisher gewohnt hatte. Dadurch dass Christine bei der Mutter blieb, blieb sie in einer gewohnten Umgebung, ihr blieben die Freundinnen und Freunde und auch die Schule, die sie seit einem Jahr besuchte, brauchte sie nicht zu wechseln. Die Termine, wann Christine den Vater besuchen durfte, hatten die beiden Eltern gemeinsam und großzügig festgelegt und sie waren übereingekommen, „situativ variabel" zu sein. „Situativ variabel" war ein Lieblingsausdruck ihres Vaters. Christine war in der ganzen Angelegenheit nicht gefragt worden, sie hatte nur eine Nebenrolle gespielt. Einmal hatte das Mädchen seine Mutter gefragt, warum Papa nicht mehr mit ihnen zusammen wohnen würde, worauf ihre Mutter nur kurz geantwortet hatte: „Wir hatten unsere Gründe, aber das kannst du noch nicht verstehen."

Vor ungefähr einem Jahr hatten die beiden Erwachsenen ihre Beziehung beendet. Während der Vater mit einer neuen Gefährtin zusammen lebte, lebte die Mutter noch allein, hatte allerdings seit drei Monaten einen Freund, den sie ab und zu besuchte, und der auch ab und zu übers Wochenende zu Besuch kam. Vor einiger Zeit hatte Christines Mutter ihrer Tochter den Mann als ihren neuen Freund vorgestellt, die Lebensgefährtin ihres Vaters kannte Christine von ihren Besuchen beim Vater. Mutters Freund war freundlich, Vaters Lebensgefährtin war nett. Mutters Freund nannte Christine „mein Fräulein", für Vaters Lebensgefährtin war sie „die Prinzessin". Vater und Mutter hatten sich für die Weihnachtsfeiertage terminlich abgestimmt, am Heiligen Abend und am ersten Weihnachtsfeiertag würde Christine mit ihrer Mutter zusammen sein, am zweiten Weihnachtsfeiertag und am Tag danach mit ihrem Vater. „Freue dich", sagte Mutter zu Christine, „in diesem Jahr gibt es für dich eine doppelte Bescherung."

Christine ließ es sich zwar nicht anmerken, aber sie war sehr traurig, als die Mutter ihr eröffnete, dass sie beschlossen habe, die alte Weihnachtskrippe in diesem Jahr nicht aufzustellen. Einen Grund gab Mutter nicht an, obwohl Christine sie danach fragte. Selbstverständlich hatte die Mutter einen Grund: Über die Feiertage würde ihr Freund zu Gast sein und der konnte, wie er vor einigen Tagen so nebenbei erwähnt hatte, mit dem ganzen christlichen Plunder nichts anfangen. Stall, Ochs und Esel, Schafe und Hirten, Maria und Josef, das Christkind mit einem Heiligenschein – da seien ihm die Märchen der Gebrüder Grimm doch um einiges lieber als diese romantisch-religiöse Volksverdummung. „Die Krippe bleibt in diesem Jahr in der Kiste, vielleicht stellen wir sie im nächsten Jahr wieder auf", sagte Christines Mutter. Christines Mutter wollte nicht, dass durch das Aufstellen der Krippe zwischen ihr und ihrem Freund eine Missstimmung aufkommen würde. Sie wollte ein harmonisches Fest, denn auch sie hatte, so argumentierte sie für sich selber, einen Anspruch darauf, glücklich zu sein.

In der Schule hatte Christine beim Krippenspiel die Maria gespielt, die bei der Herbergssuche keinen Platz fand, wo sie ihr Kind zur Welt bringen konnte, und die sich schließlich mit einem Stall begnügen musste. Im Krippenspiel drehte sich alles um das Christkind, denn das Christkind war die Hauptperson. Und jetzt sollte die Hauptperson des Weihnachtsfestes nach dem Beschluss der Mutter in diesem Jahr also in der Kiste bleiben – dieser Gedanke wollte nicht in Christines schwarzen Wuschelkopf. Christine wusste, wo die Kiste mit den Figuren der Weihnachtskrippe das Jahr über aufbewahrt wurde und ihr Plan stand fest, denn in einer Kiste eingesperrt zu sein, war ebenso schlimm, wie keine Herberge zu finden. An einem Nachmittag kurz vor Weihnachten, als Christine für kurze Zeit alleine zu Hause war, befreite sie das Christkind aus der Kiste und trug es vorsichtig in ihr Zimmer. In der obersten Schublade ihres Nachttischchens, wo sie ihre Wertsachen aufbewahrte, zum Beispiel das goldene Halskettchen, das ihr Papa geschenkt hatte, machte Christine aus einem Stapel Taschentücher ein weiches Bett für das Christkind und deckte es sorgfältig mit einem Taschentuch zu. In Christines Phantasie war das Nachttischlämpchen der Stern und die Nachttischschublade war der Stall von Bethlehem.

Interessiert schaute Mohrle, der schwarze Kater, zu, als Christine für das Christ-kind das Bett aus Taschentüchern herrichtete. Christine streichelte den Kater und sagte zu ihm: „Ich bin Maria und du bist der heilige Dreikönig. Du bist der schwarze Dreikönig. Als König brauchst du eine Krone. Könige ohne Krone sind keine Könige. Also du bist der Dreikönig. Du kommst aus dem Morgenland. Du musst das Kind anschauen und anbeten. Katzen schnurren, wenn sie anbeten." Um den schwarzen Kater, der nicht verstand, was ihm als Aufgabe zugefallen war, auch äußerlich als König erscheinen zu lassen, schnitt sich Christine vom goldenen Weihnachtspapier, das ihre Mutter für das Einpacken der Weihnachts-geschenke gekauft hatte, heimlich einen Streifen ab und bastelte daraus für Mohrle eine Krone. Es war eine schöne Krone, und Mohrle wirkte mit der Krone sehr majestätisch, aber der schwarze Kater benahm sich nicht wie ein König, er streifte mit der Vorderpfote die Krone von seinem Kopf, kaum dass Christine sie ihm aufgesetzt hatte, und von Anbeten konnte überhaupt nicht die Rede sein. Er schnurrte nicht, er fauchte. „Mohrle, du darfst nicht fauchen, du bist doch ein heiliger Dreikönig, nicht der böse König Herodes."

Christines Mutter und ihr Freund schienen die Weihnachtstage zu genießen, Christine selber verbrachte die meiste Zeit in ihrem Zimmer, sie kam sich irgend-wie überflüssig vor. Nur der unwillige schwarze Dreikönig, der inzwischen seine Krone zerfetzt hatte, leistete ihr ab und zu Gesellschaft. Mohrle war deswegen bei den Erwachsenen nicht sehr erwünscht, da Mutters neuer Freund eine leichte Katzenallergie hatte, weshalb er die Nähe zu Katzen mied. Mohrle suchte aber für sein Leben gern die Nähe der Menschen. Nachdem Christines Mutter am Abend des ersten Weihnachtsfeiertages für Christine den kleinen Reisekoffer gepackt hatte, steckte Christine in einem unbeobachteten Augenblick das Christ-kind, das sie in ein Seidentaschentuch gewickelt hatte, in eine der Seitentaschen des Koffers, das Christkind sollte nicht alleine daheim bleiben, es sollte mitgehen auf die Reise. Schließlich war Christine die Mama des Christkinds und eine Mama lässt ein Kind nicht allein, sie nimmt es mit, wo auch immer sie hingeht, Mama und Kind kann nichts trennen.

Schon früh morgens am anderen Tag holte der Vater seine Tochter ab, an diesem Morgen lernte der Vater auch Mutters neuen Freund kennen. Sie begrüßten sich freundlich, redeten eine Weile miteinander und wünschten sich schließlich ein frohes Weihnachtsfest. Die Erwachsenen waren stolz darauf, dass sie es geschafft hatten, so vernünftig miteinander umzugehen. Christine saß im Auto des Vaters und wartete darauf, dass die beiden Männer das Gespräch beendeten. Irgendwie verstand sie das alles nicht, sie wusste nicht mehr, wo sie hingehörte. Christine atmete schwer. Dann öffnete sie den Reißverschluss der Seitentasche ihres Koffers, damit das Christkind nicht auch Atemnot bekäme.

EIGENARTIGER DEZEMBERTRAUM

Dieser eigenartige Dezembertraum, an den ich mich noch immer erinnern kann, obwohl es schon lange her ist, dass ich ihn träumte, wurde, dessen bin ich mir sicher, hervorgerufen durch Eindrücke am Abend vorher. Auf meinem abendlichen Spaziergang durch unser Dorf fielen mir drei Fahrzeuge auf: Vor einem Haus in der Hauptstraße stand ein riesiger Möbelwagen, und die Möbelpacker waren auch in der Dunkelheit noch mit dem Einladen von Möbeln beschäftigt. Vor der Tankstelle in der Mitte des Dorfes parkte mit eingeschalteter Warnblinkanlage ein Viehtransporter, offensichtlich erkundigte sich der Fahrer nach dem Weg. Als ich am einzigen Hotel in unserem Dorf vorbeiging, fuhr ein Taxi auf den Parkplatz des Hotels. Taxis sind in unserem Dorf nur selten zu sehen, denn die Menschen der Gegend sind sparsam, sie fahren nicht Taxi. Dass diese drei Fahrzeuge in dem Traum, den ich in der folgenden Nacht träumte, eine Rolle spielen würde, konnte ich nicht ahnen. Es war Anfang Dezember, die dünne Schneedecke, die am Morgen noch die Erde bedeckt hatte, war von der Nachmittagssonne aufgerollt worden. Der Abend war kalt und feucht, und alles deutete daraufhin, dass es in der Nacht Frost geben würde. Aber nun zu meinem Traum.

Eine dichte Schneedecke lag über unserem Dorf und ich machte meinen Abendspaziergang. Die Nacht war kalt und klar, der Mond tauchte die Landschaft in eine unwirkliche Helligkeit. Schon von weitem sah ich, dass auf dem großen Platz vor unserer Kirche etwas anders war als sonst. Auf dem Kirchplatz standen ein Möbelwagen mit Anhänger, ein Viehtransporter und drei Taxis, auch Menschen waren schemenhaft zu erkennen. Und eine Menge Tiere standen auf dem Kirchplatz, mitten in der Nacht, in einer kalten Winternacht mitten in einem kleinen Dorf. Neugierig ging ich weiter in Richtung Kirche. Zum Kirchplatz selber konnte ich nicht gelangen, zwar wollte ich die Straße überqueren, um mir das Ganze aus der Nähe anzusehen, aber ich konnte nicht, ich war wie am Boden festgewachsen. Doch was auf dem Kirchplatz los war, konnte ich auch aus einiger Entfernung genau sehen und hören, und ich wunderte mich später, dass ich im Traum nicht im geringsten verwundert war über das, was ich sah und hörte. Ich war nach dem Erwachen auch erstaunt, dass ich die Menschen, die ich in dieser Nacht auf dem Vorplatz der Kirche sah, sofort erkannte, aber das hing wohl mit ihrer Kleidung zusammen.

Neben einem der Taxis standen der heilige Nikolaus und die heilige Barbara und redeten miteinander in einer Sprache, die ich nicht verstand. In meinem Traum waren die beiden Heiligenfiguren aus unserer Kirche lebendige Wesen. Der heilige

Nikolaus hatte den Turm in den Händen, den sonst die heilige Barbara trug und Barbara hielt einen blühenden Kirschzweig in Händen. Zwischen den Lastwagen und Taxis standen die Schafe aus der Weihnachtskrippe unserer Kirche, sie wurden nach und nach von zwei Hirten in den Viehtransporter verfrachtet. Im Hintergrund froren die heiligen Drei Könige vor sich hin, einer ihrer Diener versuchte das Dromedar ruhig zu halten, das vor Kälte zitterte. Der heilige Josef war dabei, mit den anderen Hirten die Balken und Bretter des Stalles von Betlehem im Möbelwagen unterzubringen. Josef, der Zimmermann, hatte den Stall fein säuberlich zerlegt, die Einzelteile waren markiert, offensichtlich sollte der Stall irgendwoanders aufgebaut werden. Mittlerweile waren die Schafe im Transporter untergebracht, nun führte der Diener das Dromedar heran, fast majestätisch schritt es die Rampe zur Ladefläche hinauf, es war nicht nötig, das Tier zu ziehen oder zu schieben.

Der heilige Josef war noch einmal in die Kirche zurückgegangen und nun schleppte er die Futterkrippe heraus und trug sie in den Möbelwagen. Unter dem Portal der Kirche erschien jetzt Maria mit dem Jesuskind, das sie fest an sich drückte. Noch einmal blickte Maria in die Kirche zurück, dann stieg sie mit ihrem Kind in eines der Taxis, einer der Hirten hielt die Tür auf. Längst war mir klar, dass diese kleine Gesellschaft, die sich auf dem Kirchplatz versammelt hatte, dabei war, aus unserem Dorf wegzuziehen. Mit einem Mal verstand ich, was geredet wurde. Die Heiligen verabschiedeten sich voneinander. Der heilige Nikolaus und die heilige Barbara, so konnte ich hören, wollten zurück in ihr Heimatland, Nikolaus nach Myra und Barbara nach Nikomedien, beides Städte in der Türkei. Die heilige Familie und die Hirten kehrten nach Israel, ins Land der Juden, zurück, die Hirten nach Betlehem und die heilige Familie nach Nazaret. König Kaspar machte sich auf den Weg in den Iran, Melchior hatte den Irak als Ziel. Balthasar würde mit ihnen reisen, um ihre Heimat kennenzulernen, dann erst würde er in sein Heimatland Äthiopien zurückkehren. Nachdem sich alle zum Abschied umarmt hatten, gingen zuerst die Heiligen Drei Könige zum Taxi, in dem Maria mit dem Kind saß, beugten die Knie und überreichten der Mutter des kleinen Jesus die Geschenke, die sie bei sich hatten: Gold, Weihrauch und Myrrhe. Dann stiegen sie in ihr Taxi und fuhren ab. Der heilige Nikolaus schenkte dem Kind seine Bischofsmütze, die von Maria sofort als eine Art Fußwärmer für das Kind benutzt wurde, und die heilige Barbara überreichte den blühenden Kirschzweig, dann fuhren die beiden Heiligen ab. Josef schaute sich noch einmal um, bedankte sich bei den Hirten und stieg dann zu Maria in das Taxi. Das letzte der drei Taxis fuhr ab, die Hirten winkten der heiligen Familie nach. Dann kletterten sie in die Lastwagen, die Motoren wurden angelassen, die beiden mächtigen Fahrzeuge fuhren an. Als der Möbeltransporter abgefahren war, konnte ich an einer Plakatwand im Hintergrund, die der Transporter verdeckt hatte, die Sprühschrift lesen: Deutschland den Deutschen.

Der Platz vor der Kirche war nun wie ausgestorben, nur die Reifenspuren waren im Schnee zurückgeblieben. Gerade wollte ich mich umdrehen, um nach Hause zu gehen, da sah ich, dass die Reisenden zwei Dinge zurückgelassen hatten. Zusammengeknüllt lag das Spruchband im Schnee, das in jedem Jahr  zwei Engel über unserer Dorfkrippe ausgebreitet hielten, doch die Aufschrift war noch zu lesen: Friede den Menschen guten Willens. Und daneben lag verglüht im kalten Schnee der Stern von Bethlehem.

DULCI JUBILO, ODER: SCHNÄPSCHEN GEFÄLLIG?

Der alte Mann und der grüne Papagei waren seit über zwanzig Jahren ein Paar, ein sehr ungleiches Paar, aber dennoch hatte man den Eindruck, der eine könne ohne den anderen nicht leben. Der alte Mann war früher zur See gefahren, er war Kapitän eines Tankers gewesen und hatte, wie man so sagt, die Meere der Welt befahren. Nachdem er in Rente gegangen war, hatte er sich im Süden Deutschlands ein kleines Haus gekauft und war dorthin gezogen, er hatte genug vom Meer. In seinem neuen Zuhause lebte er für sich allein, verheiratet war er nie gewesen, das einzige Lebewesen, das er um sich herum ertragen konnte, war sein Papagei, der drei Jahre mit ihm zur See gefahren war.

Der Papagei war ein sehr begabtes Tier, was sich aber erst einige Zeit später herausstellte, denn zu Beginn ihres Zusammenseins sprach der grüne Vogel kein einziges Wort. Dann eines Abends in der Kajüte, die See war sehr rau, und der Papagei schaukelte auf seiner Stange im Käfig hin und her wie ein Betrunkener, äußerte sich der Papagei zum ersten Mal, so dass dem Kapitän das Glas mit Cognac fast aus der Hand fiel. Der Kapitän hatte dem Vogel zugeprostet mit den Worten, mit denen er schon unzählige Male seinem Mitbewohner zugeprostet hatte: „Prost! Schnäpschen gefällig, mein Geier?" Doch dieses Mal kam nicht das sonst übliche Knurren des Krummschnabels, der Vogel sagte deutlich vernehmbar: „Schnäpschen gefällig." Es war aber aus seinem Schnabel keine Frage, sondern klang wie ein Befehl. Dann knurrte er wie ein Hund und fügte hinzu: „Seefahrt tut Not!" Auch das war ein Satz, den der Kapitän häufig vor sich hinsagte, wenn er mit sich selbst redete. Wie gesagt, dem Kapitän wäre vor Überraschung fast das Cognacglas aus den Händen gefallen. „Seefahrt tut Not!" schrie der Papagei jetzt doppelt so laut wie zuvor, und fügte hinzu: „Tut Not." Ab diesem Abend wurde der Papagei geradezu redselig.

Zehn Jahre lebte der alte Kapitän in seinem kleinen Haus sehr zurückgezogen, ab und zu kam eine Frau, die ihm die Wohnung sauber hielt und die Wäsche besorgte. Nach zehn Jahren wurde er krank, er zögerte nicht lange, verkaufte sein Haus und zog in ein Heim für betreutes Wohnen. Sein Papagei zog mit. Das Heim befand sich ganz in der Nähe einer Schule. Im Sommer saß der alte Kapitän gerne auf seinem kleinen Balkon und blickte hinüber zur Schule, er hatte einen freien Blick in einige Klassenzimmer und auch auf den Pausenhof. Wenn er auf dem Balkon saß, stand der Käfig mit dem Papagei auf dem kleinen Balkontisch, und der Papagei sah sehr interessiert dem Treiben in der Schule und auf dem Pausenhof zu. Das erste, was er täuschend ähnlich nachmachen konnte, war der Pausengong der Schule. Sobald ein Schüler den Pausenhof betrat, imitierte der Papagei diesen Ton. Da im Sommer die Fenster der Klassenzimmer offen waren, waren manche der Lehrer beim Unterrichten nicht nur zu sehen, sondern auch zu hören. Dadurch wurde der Papagei zum Pädagogen. Seine Lieblingssätze waren: „Seid ruhig!" und „Vorne spielt die Musik!"

Lange wohnte der Kapitän nicht in dem Heim, völlig unerwartet starb er in einer Herbstnacht an Herzversagen. Als man ihn am Morgen tot auffand, machte man das, was man in diesem Heim immer tat, wenn ein Mensch gestorben war: Man öffnete das Fenster, um der Seele des Verstorbenen die Freiheit zu geben. Diese Gelegenheit nutzte der Papagei, der in dieser Nacht nicht in seinem Käfig, sondern auf der Stange am Kopfende des Bettes gesessen hatte, und nahm ebenfalls den Weg in die Freiheit.

Es verging ein halber Tag, bis man schließlich feststellte, dass der Papagei weg war. Man suchte den Park ab, aber man fand ihn nicht. Drei Tage lang war er nirgends zu finden, dann am Morgen des vierten Tages saß er auf dem großen Baum, der zwischen der Schule und dem Heim für Senioren stand. Als erster hatte ihn ein Schüler vom Klassenzimmer aus gesehen, kurz darauf hingen die Schüler dieser Klasse in den Fenstern und versuchten den Vogel anzulocken. Der saß aber auf seinem Ast und wiegte den Kopf hin und her, es war eine Art Kopfschütteln in Zeitlupe. Die Schüler erschraken, als der Papagei plötzlich laut rief: „Seid ruhig!"

Unter den Lehrern schloss man Wetten ab, wie lange der Papagei in Freiheit überleben würde. Weihnachten wird er wohl nicht überleben, meinten die meisten. Die Blätter des großen Baumes färbten sich, dann fielen sie nach und nach ab. Der Papagei lebte immer noch, der Baum war der Ort, an den er immer wieder zurückkehrte. Hungern musste er nicht, denn die Schüler sorgten für ihn, einige entwickelten sich zu ausgesprochenen Spezialisten, was die Ernährung von Papageien anging. Aber jeder Versuch ihn einzufangen scheiterte, obwohl er sich manchmal dem Pausenhof näherte und auf einem der Pfosten des Zaunes, der das Schulgelände vom Gelände des Heimes trennte, niederließ, als wollte er in der Nähe der Menschen sein.

In der Schule begannen einige Klassen sich auf eine Weihnachtsfeier vorzubereiten, der Musiklehrer übte mit musikalisch besonders begabten Schülerinnen und

Schülern ein Krippenspiel ein. Die Fenster der Schule waren zwar zu dieser Jahreszeit zumeist geschlossen, aber ab und zu wurde eines der Fenster gekippt, so dass man im Freien hören konnte, was drinnen gesungen und gesprochen wurde. Der Papagei hörte gut zu. Seine Reden wurden immer weihnachtlicher. Wenn er in der großen Pause auf dem Pfosten des Gartenzaunes saß, und der Gong rief die Schüler zurück in den Unterricht, rief er: „Dornwald ging" oder „Wurzel zart". Dieses „Wurzel zart" schien er besonders zu mögen, denn da gab es zwei Mal den Buchstaben r, den man so schön rollen konnte. Manchmal begann er aber auch laut zu schnarren und schrie dann triumphierend „Dulci jubilo".

Mitte Dezember begann es zu schneien. Eines Morgens, als es nach der ersten Schulstunde draußen hell wurde, sahen die Schüler ihren Papagei reglos auf dem Ast seines Baumes sitzen, er trug eine weiße Mütze aus Schnee. Die Jungen und Mädchen stürmten zu den Fenstern, rissen sie auf und begannen laut zu rufen, denn sie fürchteten, ihr Wundervogel könnte im Schlaf erfrieren. Als der Papagei den Lärm hörte, legte er den Kopf zur Seite, die weiße Mütze fiel ihm vom Kopf, dann schlug er mit seinen Flügeln, rief: „Wurzel zart", schüttelte sich und stieß dann fast wütend die Worte hervor: „Dulci jubilo."

Je kälter es draußen wurde, umso mehr machten sich die Schüler Sorgen, sie sorgten sich um ein Wesen, das sehr allein und das in der freien Natur sehr gefährdet war. Sie liebten den „Grünen", wie er mittlerweile genannt wurde, denn den, um den man sich Sorgen macht, den liebt man auch, und gerade die Zeit um Weihnachten ist ja die Zeit der Liebe, wie man überall hören und lesen kann. Am Nachmittag des Heiligen Abends kamen nicht wenige Schülerinnen und Schüler, manche sogar in Begleitung ihrer Eltern, und verteilten auf dem Schulgelände Leckereien für ihren Vogel, der auf seinem Ast saß und das Tun derer, die sich um ihn sorgten, mit munteren Reden begleitete. „Fröhliche, selige", rief er immer wieder, aber auch „O wie lacht".

Als die Dunkelheit hereinbrach, gingen auch die letzten nach Hause, es war mit einem Male so dunkel, dass man den Papagei in den Zweigen nicht mehr erkennen konnte. Wind war aufgekommen, die Äste des Baumes begannen sich im Wind zu wiegen. „Dulci jubilo" klang es fast zornig durch die Nacht, dann schien sich der Papagei auf dem schwankenden Ast an seine Zeit als Seefahrer zu erinnern, denn er schrie mit aller Macht: „Seefahrt tut Not! Tut Not!" In der Nacht schneite es stark.

Am anderen Morgen war vom Grünen weit und breit nichts zu sehen, man hatte allen Grund, das Schlimmste anzunehmen. Am Nachmittag des ersten Weihnachtstages schloss der Rektor die Tür zur Schule auf, er wollte etwas aus seinem Büro holen, das er vergessen hatte. Als er die Pausenhalle betrat, hörte er jemanden reden, er sah aber niemanden. Dann ging sein Blick zur schönen, großen Krippe, die eine freiwillige Arbeitsgemeinschaft von Schülern mit einem der Werklehrer gebaut und aufgestellt hatte. Auf dem Felsen neben dem Stall saß der Papagei und redete mit dem Jesuskind. „Schnäpschen gefällig?", fragte er immer wieder. Dem Jesuskind schien der Vogel zu gefallen, es lächelte.

Manchmal ist es doch gut, dachte der Rektor, wenn der Hausmeister vergisst ein Fenster zu schließen.

ENDE EINER TUNNELFAHRT

Ich kann nicht für andere sprechen, aber ich vermute, dass es manchem ähnlich ergeht wie mir, wenn er durch einen Tunnel fährt, der nicht enden will. Am Tunneleingang ist ein Schild angebracht, auf dem der Name und die Länge des Tunnels angegeben sind. Fahre ich in den Tunnel hinein, dann beschleicht mich mit steter Regelmäßigkeit ein eigentümliches Gefühl. Eine Mischung aus Angst und Verlassenheit.

Sicher, im Berginnern gibt es eine Beleuchtung, es gibt Haltebuchten und Notrufsäulen und für den notwendigen Sauerstoff wird auch gesorgt. Und dennoch ist die Situation einer Tunnelfahrt für mich beklemmend. In regelmäßigen Abständen hängen Schilder an der Wand, von denen ich ablesen kann, wie weit ich noch fahren muss, bis ich das Ende des Tunnels erreicht habe. Habe ich die Hälfte der Strecke hinter mir, spüre ich, wie meine Anspannung nachlässt. Mit jedem weiteren Kilometer wird mir ein wenig leichter.

Dann kommt der Moment, in dem es im Tunnel heller wird. Noch kann ich den Ausgang nicht sehen, aber es wird heller. Das Ende der Tunnelfahrt kündigt sich an. Die jetzt hellere Beleuchtung und das Licht des Tages, das in den Tunnel herein scheint, verkünden mir, dass ich es bald geschafft habe. Dann sehe ich den Ausgang, die Fahrt durch die Dämmerung des Berginnern ist zu Ende.

Die Tafeln, die mir im Tunnel die Entfernung bis zum Licht anzeigen, sind für mich sehr wertvoll. Zu wissen, dass ich dem Licht entgegen fahre, lässt das unangenehme Gefühl nicht zur Angst werden. Wie die Entfernungstafeln im Tunnel sind die vier Adventssonntage. Vier Wochen dauert die Fahrt zum Licht. Der vierte Adventsonntag ist der Punkt, an dem es heller wird, die Zeit der Dämmerung geht zu Ende, das Licht kündigt sich an. "Dem Volk, das im Dunkeln lebt, erstrahlt ein helles Licht."

Mit der Geburt Jesu beginnt die Erlösung des Menschen. Die Fahrt durch das menschliche Leben, durch die Tunnels der Schuld und der Angst, der Verzweiflung und der Einsamkeit geht zu Ende. Das Licht der Erlösung strahlt in die Welt hinein, die Finsternis kann nicht mehr schrecken. Mit der Geburt Jesu nimmt die Liebe Gottes zu den Menschen Gestalt an. Das ist die Botschaft des Christentums.

*Wir kamen von weither gegangen
durch Meere und Wüsten der Welt,
wo alles noch dunkel verhangen,
weil niemand die Erde erhellt.*

*Wir suchten in vielen Palästen
Messias, den König und Herrn.
Herodes, der wollt uns zu Gästen,
doch folgten wir lieber dem Stern.*

CHRISTUS SEGNE
DIESES HAUS

Als Jesus zur Zeit des Königs Herodes in Bethlehem in Judäa
geboren worden war, kamen Sterndeuter aus dem Osten nach
Jerusalem und fragten: Wo ist der neugeborene König der Juden?
Wir haben seinen Stern aufgehen sehen und sind gekommen,
um ihm zu huldigen. Als König Herodes das hörte, erschrak er
und mit ihm ganz Jerusalem. Er ließ alle Hohenpriester und
Schriftgelehrten des Volkes zusammenkommen und erkundigte sich
bei ihnen, wo der Messias geboren werden solle. Sie antworteten
ihm: In Bethlehem in Judäa; denn so steht es bei dem Propheten:
Du, Bethlehem im Gebiet von Juda, bist keineswegs die
unbedeutendste unter den führenden Städten von Juda; denn aus
dir wird ein Fürst hervorgehen, der Hirt meines Volkes Israel.

Danach rief Herodes die Sterndeuter heimlich zu sich und ließ
sich von ihnen genau sagen, wann der Stern erschienen war.
Dann schickte er sie nach Bethlehem und sagte: Geht und forscht
sorgfältig nach, wo das Kind ist; und wenn ihr es gefunden habt,
berichtet mir, damit auch ich hingehe und ihm huldige.
Nach diesen Worten des Königs machten sie sich auf den Weg.
Und der Stern, den sie hatten aufgehen sehen, zog vor ihnen her
bis zu dem Ort, wo das Kind war; dort blieb er stehen.
Als sie den Stern sahen, wurde sie von sehr großer Freude erfüllt.
Sie gingen in das Haus und sahen das Kind und Maria,
seine Mutter; da fielen sie nieder und huldigten ihm. Dann holten
sie ihre Schätze hervor und brachten ihm Gold, Weihrauch und
Myrrhe als Gaben dar. Weil ihnen aber im Traum geboten wurde,
nicht zu Herodes zurückzukehren, zogen sie auf einem anderen
Weg heim in ihr Land.

Matthäus 2, 1 - 12

DIE HISTORISCHE UND ASTRONOMISCHE SEITE DER WEIHNACHTSGESCHICHTE

Auf die Frage: Wann ist Jesus von Nazaret geboren?, hört man zumeist als Antwort: Am 24./25. Dezember des Jahres Null. Doch dieses Datum ist nicht verbürgt, man kennt den Geburtstag Jesu nicht und man ist sich auch unneis über das Geburtsjahr. Unser heutiges Weihnachtsfest wurde erst im dritten Jahrhundert in der römischen Kirche eingeführt und verdrängte ein altrömisches Fest, das schon lange zuvor Bestand hatte. Am 25. Dezember feierten die Römer das Fest der unbesiegbaren Sonne, den Sieg des Lichtes über das Dunkel des Winters. Wie gesagt, dieses Fest hatte eine lange Tradition, so dass es schwer war, auch nachdem das Christentum sich im römischen Reich nach und nach durchgesetzt hatte, dieses Fest einfach abzuschaffen, und so entschloss man sich, dieses Fest christlich zu „veredeln": Für die Christen war Christus das wahre Licht, die wahre Sonne, die in die Welt gekommen war, und so legte man die Geburt Christi auf das Datum des heidnischen Festes des Lichtes. Der Weihnachtstermin beruht also auf einer bewussten Setzung, er ist kein historisches Geburtsdatum.

Es war auch nicht das Jahr Null, in dem Christus geboren wurde, sagen heute Theologen und Historiker. Das Neue Testament erzählt von Krippe und Stall, von den Hirten und den Sterndeutern aus dem Osten, vom Stern von Bethlehem und es nennt auch einige Namen. Und so fragte man sich, ob es nicht möglich wäre, aus den Angaben über die Geburt Jesu wenigstens auf das Geburtsjahr zurückzurechnen. Beim Evangelisten Matthäus ist im zweiten Kapitel zu lesen:

„Als Jesus zur Zeit des Königs Herodes in Bethlehem geboren worden war, kamen Sterndeuter aus dem Osten nach Jerusalem und fragten: Wo ist der neugeborene König der Juden? Wir haben seinen Stern aufgehen sehen und sind gekommen, ihm zu huldigen."

Und im Evangelium des Lukas steht zu lesen:

„In jenen Tagen erließ Kaiser Augustus den Befehl, alle Bewohner des Reiches in Steuerlisten einzutragen. Dies geschah zum erstenmal; damals war Quirinius Statthalter von Syrien."

Wir lesen also von den Sterndeutern, vom Aufgehen eines Sterns, der die Geburt eines neuen Königs ankündigt, wir lesen vom König Herodes, vom Kaiser Augustus und vom Statthalter Quirinius. Herodes ist eine historische Gestalt, von Herodes wissen wir aus nichtbiblischen Quellen mit Sicherheit, dass er im März des Jahres 4 vor Christus in Jericho gestorben ist. Quirinius war einer der römischen Konsuln im Jahre 12 vor Christus und er hat als Statthalter von Syrien 6/7 nach Christus einen Zensus, eine Steuerfeststellung, durchführen lassen, aber das kann nicht der Zensus gewesen sein, auf Grund dessen Josef nach Bethlehem musste, um sich in die Steuerlisten eintragen zu lassen, denn wie schon erwähnt, starb Herodes im Jahre 4 vor Christus. Kaiser Augustus herrschte von 31 vor Christus bis 14 nach Christus. Man kann also sagen, dass ausgehend von den Namen, die das Neue Testament nennt und der erwähnten Volkszählung Jesus zwischen 12 vor Christus und 4 vor Christus geboren wurde, ein Großteil der Historiker nimmt das Jahr 7 vor Christus als das Geburtsjahr an.

Aber nicht nur die Historiker beschäftigten sich mit dem Jahr der Geburt. Da ist ja noch der „Stern von Bethlehem", und für diesen interessierten sich die Astronomen, es gibt also eine Art astronomischen Teil der Weihnachtsgeschichte. Viele waren der Meinung, der Komet Halley könnte der Stern von Bethlehem gewesen sein. Doch der Komet Halley, so weiß man heute, tauchte im Jahre 12 vor Christus in der Zeit zwischen August und Oktober am Himmel auf. Das ist eindeutig zu früh. Eine andere Lösung schlug bereits der berühmte Astronom Johannes Kepler (1571 – 1630) vor. Er vermutete eine spektakuläre Sternkonstellation am Himmel, eine so außergewöhnliche Konstellation, dass sie von babylonischen Astronomen hätte beobachtet werden können. Er schloss auf ganz nahe Vorübergänge der beiden Planeten Jupiter und Saturn, so nahe, dass die beiden Planeten fast zu einem einzige hellen Lichtpunkt verschmolzen.

Solche Vorübergänge nennt man „Konjunktionen", und solche Konjunktionen wurden tatsächlich von babylonischen Astronomen vorausberechnet und auch beobachtet, wie Tontafeln, die man gefunden hat, belegen. Was Kepler vermutet und auch berechnet hatte, nämlich das Jahr 7 vor Christus als das Jahr des „Sterns von Bethlehem", dies und andere Details sind auf einer Tontafel im Britischen Museum vermerkt. Was wir heute mit modernsten Geräten berechnen können, ist dort in Keilschrift zu lesen: Im Jahr 7 vor Christus fanden drei Konjunktionen statt, und zwar am 15. März, am 20. Juli und am 12. November.

Wichtig war für die babylonischen Astronomen zur damaligen Zeit nicht die Beobachtung sondern die Deutung eines solchen Vorganges. Planeten waren für sie nicht nur Himmelskörper, sondern Götter. Jupiter, der hell glänzende Stern am Himmel stand für den höchsten babylonischen Gott Marduk und Saturn entsprach dem babylonischen Kajmanu, einem Wandelstern, der immer mit dem König von Israel in Verbindung gebracht wurde. Und dieser Saturn stand im Sternbild der Fische, dem „himmlischen Ort" des Landes Israel. Für die babylonischen

Astronomen war also klar: Wenn am Himmel ein solches Ereignis eintritt, dann ist in Israel ein neuer König geboren und der König von Babylon soll hingehen, um ihm zu huldigen. Soweit die Astronomie, die damals auch Astrologie war.

Doch es gibt im Grunde keinen Beweis dafür, dass Astronomen im Namen des babylonischen Königs aufgebrochen sind, um dem neuen König in Israel zu huldigen. Es steht auch auf keiner Tontafel, dass sie den König der Juden gefunden haben. Ja, wir wissen nicht einmal mit letzter Sicherheit, dass es die Weisen aus dem Osten wirklich gegeben hat.

Was wir von den Astronomen wissen, ist die Tatsache, dass im Jahre 7 vor Christus wirklich „ein Stern aufgegangen ist", der zum berühmten Stern von Bethlehem wurde.

SIE FOLGTEN DEM FALSCHEN STERN

Das archäologische Institut der westafrikanischen Universität Ouagadougou begann um das Jahr 2500 nach Christus mit der Erforschung Germaniens. Das Land Germanien sollte einst ein kulturell hoch stehendes Staatsgebilde gewesen sein. Heute war das gesamte Gebiet Germaniens nurmehr Steppe und Wüste, durchsetzt von gefährlichen Sumpfgebieten.

Die gut ausgerüstete Expedition afrikanischer Wissenschaftler startete ihre Ausgrabungen im Gebiet des Oberrheins und stieß schon nach wenigen Tagen auf die Überreste einer menschlichen Siedlung. Eines der ausgegrabenen Fundstücke erregte die besondere Aufmerksamkeit der Archäologen, sie hatten einen Stern aus Metall gefunden, der herrlich in der Sonne glänzte, nachdem er gesäubert worden war. Aus der Religionsgeschichte war bekannt, dass es einstmals Völker gab, die die Gestirne als Götter verehrten. Die Expeditionsteilnehmer waren ob ihres Fundes hell begeistert, denn die Vermutung drängte sich auf, dieser kleine, silberne Stern könnte ihnen helfen, etwas über die Religion der Germanen um das Jahr 2000 nach Christus zu erfahren; aus dieser Zeit stammten die Reste der gefundenen Siedlung.

Einige Zeit später kam ihnen ein Zufall zu Hilfe. Sie fanden eine alte Landkarte. Sorgfältig entfalteten sie die Karte, und siehe da, auf ihr war eine Stadt eingezeichnet, deren Name zwar nicht mehr zu lesen war, die aber mit einem großen Stern verziert war. Die Forscher waren wie elektrisiert. Sie brachen ihre Zelte ab und zogen über einen Gebirgszug, der auf der Landkarte als Schwarzwald bezeichnet wurde, in das Gebiet, in dem die Stadt mit dem Stern gewesen sein musste. Dort angekommen nahmen sie sofort die Grabungsarbeiten auf. Bereits nach den ersten Spatenstichen förderten sie eine Unmenge kleiner Metallsterne zutage. Was bisher nur Vermutung gewesen war, wurde nun immer mehr zur Gewissheit: Sie hatten das Zentralheiligtum Germaniens gefunden.

Unter großen Mühen begannen sie mit der Rekonstruktion der Kultanlage, die gewaltige Ausmaße gehabt haben musste. Die viele Monate dauernde Rekonstruktion führte schließlich zu folgendem Ergebnis: Die Verehrung der Götter war um das Jahr 2000 nach Christus vollautomatisiert. Auf langen Bändern schwebten die Götter durch die Hallen, die Priester überreichten ihre Gaben, um zur Vollkommenheit der Götter beizutragen. Bei ihrem heiligen Dienst trugen die Priester einheitliche blaue Kleidung, die Oberpriester, die die Zeremonie überwachten, waren in weiße Mäntel gehüllt.

Die Götter, die mit dem Stern geschmückt waren, schienen die Hauptgötter der damaligen Zeit gewesen zu sein, die zu verehren nur einer bestimmten Bevölkerungsschicht gestattet war. Später fand man dann Fotografien, anhand derer sich eindeutig nachweisen ließ, dass es zu jener Zeit neben diesen Hauptgöttern eine Vielzahl von Göttern gab, große und kleine. Im Germanien der damaligen Zeit schien jede Familie einen eigenen Hausgott besessen zu haben, manche Familien verehrten sogar zwei. Die Fotos belegten auch, dass neben jedem Wohnhaus ein kleines Gotteshaus errichtet war, in dem der Hausgott seine Heimstatt hatte. Weiter dokumentierten einzelne Fotos, dass an einem Tag der Woche der Tag der Götter war. An diesem besonderen Tag wurden die Götter von den Menschen vor den Häusern verehrt. Der Gottesdienst erfolgte in Form einer rituellen Waschung, die damit endete, dass die Menschen niederknieten und den Göttern die Füße wuschen.

Ging dann vom verehrten Gott ein Strahlen aus, ein fast überirdischer Glanz, waren die Menschen glücklich.

WIE AUS DEN STERNDEUTERN
DIE DREI KÖNIGE WURDEN

Das Evangelium des Matthäus berichtet von Magoi, von Sterndeutern, die dem Stern nach Bethlehen folgten, um dem neugeborenen König der Juden zu huldigen. Also: es steht nicht zu lesen, dass es Heilige waren, nicht dass sie zu dritt waren, und schon gar nicht, dass sie Könige waren. Allerdings hatte der römische Kirchenschriftsteller Tertullian am Anfang des 3. Jahrhunderts von ihnen gesagt, dass sie fast wie Könige aufgetreten seien.

Wie gesagt, das Neue Testament spricht von Magoi, Magoi wird im Griechischen allgemein für Magier verwendet, aber auch konkret für die iranisch-medische Priesterkaste aus dem medischen Priesterstamm der Mager, die als Ärzte, Priester, Sternkundige und Gelehrte bezeichnet werden.

In der kirchlichen Liturgie wurde Psalm 72, 10 (*Die Könige zu Tharsis und auf den Inseln werden Geschenke bringen; die Könige aus Reicharabien und Seba werden Gaben zuführen*) und Jesaja 60 (*Die Heiden werden zu deinem Licht ziehen und die Könige zum Glanz, der über dir aufgeht ... Sie werden aus Saba alle kommen, Gold und Weihrauch bringen und des Herrn Lob verkünden.*) wegen der erwähnten Geschenke mit den Sterndeutern aus dem Matthäusevangelium in Verbindung gebracht, und dies könnte auch der Grund sein, dass in der christlichen Legende aus den Magoi Könige wurden. Die Dreizahl wird, wie unschwer einzusehen ist, auf die drei Geschenke (Gold, Weihrauch und Myrrhe) zurückgeführt.

Als Namen kommen in der lateinischen Tradition ab dem Anfang des 6. Jahrhunderts Variationen von Vornamen vor, die von den Anfangsbuchstaben der Wörter im christlichen Segensspruch „Christus mansionem benedicat" abgeleitet wurden: Caspar, Melchior, Balthasar.

In der Kunst werden die Drei Könige oft als Jüngling, erwachsener Mann und Greis dargestellt. Um 730 ist bei Beda Venerabilis zu lesen: Der erste soll Melchior gewesen sein, ein Greis mit weißem Barte, der zweite Caspar, ein bartloser Jüngling, der dritte Balthasar, mit dunklem Vollbart. Die Zahl drei steht hier für die drei Alter des Menschen.

Im 14. Jahrhundert glaubte man im christlichen Abendland, die Welt bestehe aus drei Kontinenten, nämlich Europa, Afrika und Asien, Amerika und Australien waren längst noch nicht entdeckt. Daher verbreitete sich die Anschauung, die drei Könige symbolisierten diese drei Kontinente. Da man Afrika in jener Zeit mit dem von den Griechen als „schwarzes Land" bezeichneten Nordafrika identifizierte, wurde der Vertreter Afrikas in der künstlerischen Darstellung zum „Mohren".

Nun zu den Geschenken. Gold gilt als das angemessene Geschenk für einen König: das Jesuskind wird damit als der neugeborene König geehrt. Weihrauch gilt als das angemessene Geschenk für einen Priester: das Jesuskind wird damit als der kommende Hohepriester Israels bezeichnet, der für die Schuld der Gottesgemeinde vor Gott einsteht. Myrrhe als Heilpflanze, mit der Arznei zubereitet wird, ist das angemessene Geschenk für einen Arzt: dies ist ein Hinweis darauf, dass Jesus der von Gott gesandte Arzt und Heiler (Heiland) ist.

Eine Legende ist auch die Geschichte der Reliquien der Drei Könige. Die heilige Helena, die Mutter des Kaisers Konstantin, soll auf einer Pilgerfahrt ins Heilige Land die Gebeine der Könige gefunden haben. (Helena soll übrigens auch das Kreuz gefunden haben, an dem Christus gestorben war.) Einer der Söhne Konstantins, so wird berichtet, habe die Reliquien dem Bischof Eustorgius von Mailand geschenkt, der sie im 4. Jahrhundert nach Mailand überführen ließ.

Am 23. Juli 1164 sind die angeblichen Gebeine der heiligen drei Könige nach Köln gelangt, wo sie bis heute im Dom verehrt werden. Der damalige Erzbischof von Köln, Rainald von Dassel, hatte sie nach der Eroberung von Mailand vom Kaiser Barbarossa als Geschenk erhalten. Das war auch eine politische Geste: Die Gebeine „ersten christlichen Könige" sollten dem Reich Barbarossas eine sakrale Rechtfertigung ohne Abhängigkeit vom Papst verleihen.

CHRISTUS MANSIONEM BENEDICAT

Früher gab es im gesamten deutschsprachigen Raum die Tradition des Drei-Königs-Singens. Als so genannter Heischebrauch (bei Bräuchen dieser Art wird in einer Art Ritual um eine Gabe gebeten) wurde er oftmals von unterprivilegierten, also zumeist armen Menschen dazu genutzt, sich in der kalten Jahreszeit ein Zubrot und einen Zehrpfennig zu verdienen. Die „bettelnden" Sänger gingen für gewöhnlich als Könige verkleidet von Haus zu Haus.

In unserer Zeit gibt es in Deutschland den Brauch des Sternsingens. Junge Menschen, meist Ministrantinnen und Ministranten ziehen von Haus zu Haus, um den Menschen die Botschaft von Bethlehem zu bringen und die Häuser und Wohnungen zu segnen. Mit geweihter Kreide schreiben sie über die Eingangstür C + M + B, die Abkürzung für den Segensspruch Christus Mansionem Benedicat (Christus segne dieses Haus) zusammen mit der jeweiligen Jahreszahl. Das Geld, das sie sammeln, behalten sie aber nicht für sich, sondern es wird für die Kinder in der Welt gesammelt, die vom Schicksal nicht bevorzugt sind.

DER KLEINE SCHWARZE MIT DEM WEISSEN HEMD

Als der Mesner am frühen Morgen durch den Seiteneingang die Kirche betrat, stieß er im Dunkeln mit dem Fuß an einen Gegenstand, der auf dem Boden lag. Er leuchtete mit der Taschenlampe den Boden vor seinen Füßen ab. Auf den Steinfließen lagen das Kässchen und der Neger, die normalerweise auf einem kleinen Tischchen vor der Krippe standen. Allerdings lagen neben dem Kässchen nur noch Teile des Negerchens, und der Mesner erkannte mit einem Blick, dass hier nichts mehr zu kleben war.

Der Mesner murmelte etwas vor sich hin, das von der Vokalfolge her ein Fluch in einer romanischen Sprache sein musste, ging in die Sakristei und holte Besen und Schaufel, um die Überreste zusammenzukehren. Das Kässchen stellte er wieder auf das Tischchen. Am Abend, als er die Kirchentüren abgeschlossen hatte, war der Neger noch unversehrt mit ausgestreckten Armen dagestanden, die Hände zum Empfangen geöffnet. „Vielleicht sollte ich mal eine Mausefalle aufstellen", dachte der Mesner, „sonst richtet das graue Ungeziefer noch mehr Schaden an." Der Mesner erklärte alle Situationen des Lebens mit dem alten Spruch: „Von nichts kommt nichts." Von dem, was wirklich geschehen war, hatte er keine Ahnung, der Satz hatte dennoch seine Berechtigung.

Das kleine Negerlein, das von den Kindern so geliebt wurde, wenn es artig nickte, sobald eine Münze in das Kässchen geworfen wurde, war gar nicht so lieb, wie es aussah. In seiner Kindheit war ihm etwas zugestoßen, was eine andere Entwicklung verursachte, als bei nickenden Missionsnegern üblich.

An dem Tag, bevor wieder eine Sendung dieser Negerlein ausgeliefert wurde, hatte der zuständige Packer in der Fabrik noch einmal die Nickfähigkeit der einzelnen Neger überprüft, die in Reih und Glied vor ihm standen. Er gab mit seinem Zeigefinger dem Hinterkopf jedes frommen Bettlers einen Stoß und beobachtete die Nickgeschwindigkeit und die Nickdauer. Bei dem zu Scherben zerfallenen Neger war der Prüfungsstoß zu heftig geraten und im Kopf des Überprüften geriet einiges durcheinander. Das Samenkorn des Widerwillens war gesät; ab diesem Moment hasste der kleine Neger das Nicken. Zunächst konnte er sich gegen den bedingten Reflex nicht wehren, so unangenehm ihm das auch war. Wurde Geld eingeworfen, musste er nicken, so wie jemand, den man in der Nase kitzelt, niesen muss. Er dachte „nein" und nickte „ja".

Doch mit Willenskraft kann man viel erreichen. In den langen Monaten zwischen Weihnachten und Weihnachten, die er in einer Kiste eingesperrt auf dem Dachboden der Kirche verbrachte, übte er verbissen. Nach zwei Jahren war es ihm gelungen, neben dem Nicken auch ein Kopfschütteln zustande zu bringen. Im ersten Jahr, als er es beherrschte, hatte er noch nicht den Mut, es auch in aller Öffentlichkeit zu zeigen. Warf jemand eine Münze ein, nickte er wie gehabt, hatte sich der gebefreudige Fromme aber umgedreht, so erschien auf dem Gesicht des Negerleins ein hämisches Grinsen, und er schüttelte den Kopf. Nur einmal probierte er, seine neu gewonnene Fähigkeit einem Menschen ins Angesicht zu offenbaren. Als der alte Mesner eines Abends mit dem kleinen Schlüssel kam, um das Kässchen zu leeren, schüttelte der kleine schwarze Mann mit dem weißen Hemd den Kopf. Es war ein deutlich sichtbares Kopfschütteln. Der alte Mesner schaute sich den Neger an und brummelte vor sich hin: „Das Geld kommt abends raus, auch wenn du den Kopf schüttelst." Keinerlei Verwunderung, geschweige denn Erschrecken, waren bei dem ergrauten Kirchendiener festzustellen. „Ob du nickst oder den Kopf schüttelst, ist mir gleichgültig, ich weiß, was ich zu tun habe. Pflicht ist Pflicht, und Schnaps ist Schnaps." Dass er den letzten Satz ernst meinte, war leicht zu riechen. Der Mesner war auch Totengräber in der Gemeinde, und am Nachmittag hatte er ein Grab ausgehoben. Bei dieser Arbeit trank er Schnaps, um nicht im Grübeln zu versinken, wie er sagte.

Der Nickneger war wütend. Alles hatte er erwartet, diese Reaktion aber nicht. Wütend schüttelte er den Kopf, bis es in seinem Hals knirschte. Wieder in seiner Kiste auf dem Dachboden der Kirche, übte er verbissen weiter. Das Kopfschütteln wurde vervollkommnet, etwas Neues kam hinzu. Er lernte, die Zunge herauszustrecken. Zuerst nur die Zungenspitze, dann Millimeter für Millimeter, bis er kraftvoll seine ganze Zunge zeigen konnte. Er sehnte den Tag herbei, an dem er wieder aufgestellt würde.

Am Tag des heiligen Stephanus war es in der Gemeinde üblich, dass am Nachmittag eine Andacht für Kinder stattfand, und dass am Ende der Andacht die Kinder an der Krippe vorbeigingen, um eine Opfergabe für die armen Heidenkinder in das Kässchen zu werfen. An diesem Nachmittag schlug er zu. Bei jedem zweiten Kind, das eine Gabe in das Kässchen stopfte, schüttelte er den Kopf und streckte die Zunge heraus. Die Reaktion der Kinder führte zu einem liturgischen Chaos. Die von Verachtung betroffenen Kinder standen zunächst fassungslos vor dem Neger, brachen dann in ein fürchterliches Geheule aus und rannten in ungeordneten Reihen in ihre Bänke zurück. Die Eltern schimpften mit den Kindern, im hochwürdigen Herrn Pfarrer kochte der Zorn auf leichter Flamme. Mancher Vater verdrosch auf dem Heimweg sein Kind, weil dieses immer wieder zu behaupten wagte, der Neger hätte den Kopf geschüttelt und die Zunge herausgestreckt. „Das kommt vom vielen Fernsehen", schimpften die Väter mit den Müttern. Nicht wenige Eltern gingen in den folgenden Tagen heimlich in die Kirche und warfen Münzen in das Kässchen, kleine Pfennigmünzen, aber auch Fünfmarkstücke, um zu prüfen, ob sie ihren Kindern nicht Unrecht getan hätten. Das Negerlein blickte sie freundlich an, lächelte und nickte – sogar länger als üblich. Das Negerlein triumphierte. Für das kommende Jahr hatte es bereits eine neue Idee.

In der Kiste, in der der Widerspenstige eingesperrt war, war nicht genügend Platz, um die neue Nummer zu proben. Nur die Anfänge konnten geübt werden. Es kostete ihn viel Kraft, die Füße vom Kässchen zu lösen; aber wo ein Wille ist, ist auch ein Weg. Nach drei Monaten gelang es ihm, sowohl links als auch rechts mit dem Fuß aufzustampfen.

In den ersten Nächten, als er wieder vor der Krippe stand, übte er weiter. Bald konnte er nicht nur aufstampfen, sondern mit beiden Beinen gleichzeitig hochspringen. Durch das pausenlose Üben geriet das Kässchen, auf dem er sprang, in bedrohliche Nähe zum Tischrand, was er aber, blind vor Begeisterung, nicht bemerkte. Er versuchte sich zu steigern und probierte den Teufelssprung: Hochspringen, den Kopf schütteln und die Zunge weit herausstrecken. Der Sprung gelang auf Anhieb optimal. Der Neger landete sicher auf dem Kässchen, das Kässchen verlor sein Gleichgewicht und fiel auf den Steinboden der Kirche. Der Nickneger flog hinterher und zerschellte auf dem Boden des geweihten Raumes. Der Kopf aber rollte mit zufriedener Miene in Richtung Mittelgang.

ADVENIAT REGNUM TUUM

„ADVENIAT"

Der lateinische Satz „Adveniat regnum tuum" ist ein Satz aus dem lateinischen Vaterunser und heißt: Dein Reich möge kommen. „Adveniat" ist der Name des bischöflichen Hilfswerkes der Katholischen Kirche mit Sitz in Essen, das im Jahre 1961 als Hilfswerk für Lateinamerika gegründet wurde. Im August 1961 beschloss die Vollversammlung der Deutschen Bischofskonferenz, jeweils am 1. Weihnachtsfeiertag eine besondere Kollekte durchzuführen für die seelsorgerlichen Bedürfnisse der Christen in Lateinamerika. Seit seiner Gründung unterstützt „Adveniat" mit jährlich rund 56 Millionen Euro Projekte in Lateinamerika und in der Karibik, mit denen vor allem Armut, Krankheit und Arbeitslosigkeit vor Ort bekämpft und Bildungschancen für Arme ermöglicht werden. „Adveniat" ist gelebte Nächstenliebe und Solidarität.

Durch Sammlungen und Veranstaltungen während der Adventszeit und durch die jährliche Weihnachtskollekte ist dieses Hilfswerk einer breiten Öffentlichkeit bekannt. Mit einem Verwaltungsaufwand von weniger als zehn Prozent nimmt „Adveniat" einen Spitzenplatz unter den Hilfsorganisationen ein, darüber hinaus gehört „Adveniat" zu den transparentesten gemeinnützigen Organisationen Deutschlands, das heißt, die Verwendung der Gelder wird bis in die Details offen gelegt.

„BROT FÜR DIE WELT"

Im Jahre 1959 wurde die Aktion „Brot für die Welt" ins Leben gerufen, eine Aktion der kirchlichen Entwicklungszusammenarbeit. Diese Aktion wird getragen von allen evangelischen Landes- und Freikirchen. Zusammen mit anderen Aktionen und Arbeitsbereichen ist die Aktion ein Teil des Bereiches der Ökumenischen Diakonie. Mit dem gesammelten Geld werden vor allem Selbsthilfeprojekte in Entwicklungsländern unterstützt. Was über Verwaltungsaufwand und Transparenz von Adveniat gesagt wurde, gilt auch für „Brot für die Welt". Die jährlichen Spendenaktionen starten ebenfalls am 1. Advent, dem Beginn des Kirchenjahres.

EPIPHANIE – DAS FEST DER ERSCHEINUNG DES HERRN

Unter Epiphanie verstand man im Altertum die Erscheinung oder Selbstoffenbarung einer Gottheit. Eine Gottheit zeigt sich dem Menschen. Auch das Erscheinen eines als göttlich verehrten Herrschers vor seinem Volk wurde in der Antike als Epiphanie bezeichnet. (Das griechische Wort Epiphanie bedeutet, wenn man es wörtlich übersetzt, „Aufleuchten".) Für den christlichen Glauben ist Epiphanie das Erscheinen Gottes in der Welt (= das Heil leuchtet in Christus auf) mit dem Höhepunkt in den Erscheinungen des auferstandenen Christus.

Das christliche Fest der Epiphanie ist neben dem Osterfest das älteste christliche Fest überhaupt, es wird seit dem 3./4. Jahrhundert begangen. Der Inhalt des Festes ist die Erinnerung an eine mehrfache Offenbarung Jesu als des Sohnes Gottes:

Es ist die Erinnerung an die Offenbarung der Göttlichkeit des Kindes vor den Sterndeutern, den Weisen aus dem Orient.

„Sie gingen in das Haus und sahen das Kind und Maria, seine Mutter; da fielen sie nieder und huldigten ihm." (Mt 2,11)

Es ist die Offenbarung Jesu als Sohn Gottes bei der Taufe im Jordan.

Kaum war Jesus getauft und aus dem Wasser gestiegen, da öffnete sich der Himmel, und er sah den Geist Gottes wie eine Taube auf sich herabkommen. Und eine Stimme aus dem Himmel sprach: Das ist mein geliebter Sohn, an dem ich Gefallen gefunden habe." (Mt 3,16-17)

Und es ist die Offenbarung der Gottessohnschaft beim ersten Wunder, das Jesus auf der Hochzeit zu Kana wirkt:

„So tat Jesus sein erstes Zeichen, in Kana in Galiläa, und offenbarte seine Herrlichkeit, und seine Jünger glaubten an ihn. (Joh 2, 11)

Das Fest der Erscheinung des Herrn (bei den Protestanten Epiphanias genannt), das am 6. Januar gefeiert wird, wird in der Ostkirche so festlich begangen wie bei uns das Weihnachtsfest.

VIELE MORGEN VON BETHLEHEM ENTFERNT

WEIHNACHTSBETRACHTUNG, AM 25.12.1987 UM 7.45 UHR GEHALTEN IM
1. PROGRAMM DES SÜDDEUTSCHEN RUNDFUNKS

So wie im Schnee Fußspuren deutlicher und leichter zu erkennen sind, so sind
zur Weihnachtszeit ohne Schwierigkeiten überall Spuren des Christlichen auszu-
machen. Wer etwas vom Spurenlesen versteht, wird allerdings erkennen, dass
nicht alle Spuren zur Krippe führen.

Zur Weihnachtszeit ist vieles anders als sonst, selbst die Zeitungen sind anders.
Speziell zum Weihnachtsfest gibt es die traditionelle Weihnachtstitelseite. Nicht
die Schlagzeilen von irgendeinem wichtigen Geschehen auf der Welt und kein
Leitartikel, der dieses Geschehen kommentiert, springen den Leser an. Am Tag
vor Weihnachten ist die Titelseite feierlich. Sie lädt ein, den Alltag der Welt zu
übersteigen. Schon die Überschrift strömt Zeitlosigkeit aus, und mitten auf der
Titelseite findet sich die farbige Abbildung einer künstlerisch wertvollen Krippendarstellung. Bei der Lektüre des Textes, der um das Bild herum abgedruckt ist,
verstärkt sich das feierliche Gefühl. Die Seele atmet ruhiger, die Konturen der
Realität sind nicht mehr so scharf.

Das hat natürlich seinen Grund. Die Zeitungen bemühen ja nicht irgendeinen,
damit er durch seine Gedanken zum Festkern hinlede, sondern sie bemühen die
besten Köpfe, die tiefen Denker und die brillanten Formulierer. Dennoch: Nach
einem kurzen Moment der Ergriffenheit nach Beendigung der Lektüre, meint man
die Spannung zu spüren, die zwischen dem Bild, das die Szene im Stall zu
Bethlehem zeigt, und der in Worte gefassten Weihnachtsbetrachtung besteht.

Auf dem Bild sieht man ein Kind, das in einer Futterkrippe liegt und in Windeln
gewickelt ist. Im Hintergrund des Stalles stehen die beiden berühmt gewordenen
Vertreter der Tierwelt, die ihre Anwesenheit beim heiligen Geschehen nicht der
biblischen Erzählung sondern der Tierliebe des heiligen Franz von Assisi verdanken. Im Vordergrund schürt Vater Josef das herunter gebrannte Feuer, und Maria,
die junge Mutter, neigt sich dem Neugeborenen zu. Wie verzaubert betrachten
aus einiger Entfernung die Hirten das Geschehen, während am Giebel des Stalles
zwei Engel ein Transparent ausgerollt haben, auf dem zu lesen ist: Ehre sei Gott
in der Höhe. Der Text, der das Bild einrahmt, ist bei weitem nicht so lebendig
und farbig. Er nimmt sogar Korrekturen am Krippenbild vor. Ochs und Esel wer-

den überdeckt, Josef wird aus dem Bild herausgenommen, und das Spruchband der beiden Engel eingerollt. Der Text räumt den Stall aus, nur das Kind in der Krippe darf bleiben. Ihm wird allerdings aus wohl gestrickten Worten ein Gewand gefertigt, das gar nicht so recht zu ihm passen will.

Sicher hat es einer, der eine Weihnachtsbetrachtung schreiben soll, nicht leicht. Man erwartet von ihm eine theologische und literarische Leistung, er soll bewegen und aufrütteln, informieren und exegetisieren, er soll deuten und gleichzeitig Wege zu einem neuen Verständnis bahnen. Ein wenig zeitkritisch und sozialkritisch sollte es außerdem sein. Es sollte auch ein kritisches Wort zur Praxis des Feierns beinhalten. Aber über die Weihnachtsmelodien als Hintergrundmusik in den Kaufhäusern, über Engel und Sterne neben den Preisschildern in den Schaufenstern, über den Konsumzwang, der den Sinn des Festes überlagert, und über die weihnachtlichen Schlemmereien auf Kosten der Hungernden in der Welt schreibt doch jeder. Und jeder weiß im Grunde auch, dass all das nicht zur Feier der Geburt Jesu dazugehört. Im übrigen steht zu befürchten, dass Menschen, die immer wieder gemahnt und gescholten werden, ihr Herz gänzlich verhärten und erst recht kaufen und schenken und schlemmen.

Das Problem der falschen Praxis, Weihnachten zu feiern, brachte am Heiligen Abend des vergangenen Jahres meine Tochter unbewusst auf einen einfachen Nenner. An jenem Abend trat sie als Engel auf. Ihr Bruder hatte sie eingekleidet und ihr riesige Flügel aus Papier, das auf ein Lattengestell geklebt war, verpasst. Sie war wirklich engelgleich. Dann machte sie sich daran, ihr Weihnachtslied zu Vortrag zu bringen. Sie wollte das Lied „O du fröhliche, o du selige, gnadenbringende Weihnachtszeit" singen. Und sie sang mit kräftiger Stimme die bis dahin noch nie gehörte Liedzeile „O du fröhliche, o du selige, gnadenlose Fröhlichkeit." Des Engels Mutter war entsetzt und ich musste das Lachen unterdrücken.

Das Weihnachtsevangelium verdanken wir ja Lukas, dem geliebten Arzt, wie ihn das Neue Testament nennt. Mich würde interessieren, warum gerade er das Geschehen um die Geburt Jesu so ausführlich beschrieben hat. Er ist im Grunde schuld daran, dass dieses Fest so romantisch geworden ist, denn er lieferte die Vorlage, die sich prächtig ausmalen lässt. Sein Kollege Matthäus ist um einiges sachlicher, obwohl wir ihm die Weisen aus dem Morgenland verdanken, deren Geschichte vom Stil her aber eher zu Lukas passen würde. Dass dies schon lange so gesehen wird, zeigt die Tatsache, dass sich bei den Darstellungen des Stalles von Bethlehem die Hirten des Lukas und die Weisen des Matthäus treffen. Der Evangelist Markus schweigt über die Geburt und Johannes beginnt sein Evangelium mit einem philosophisch-theologischen Exkurs.

Lukas und Matthäus konnten wohl nicht ahnen, dass es eines Tages gelehrte Theologen geben würde, die viele gescheite Bücher über ihre Evangelien schreiben würden. Sie konnten schon gar nicht ahnen, dass sich die Theologen streiten würden, was an ihren Erzählungen über die Geburt Jesu historisch und nicht-historisch sei. Ein etwas naiver Gedanke drängt sich mir auf: Wäre es schlimm, wenn ein Mensch all das, was geschrieben steht, so glauben würde, wie es geschrieben steht? Als ich ein Kind war, dachte wie ein Kind, und dieses Kind dachte so: Maria musste ihren Sohn in einem Stall zur Welt bringen, damit der, der Erlöser der Menschheit wird, in ganz einfachen Verhältnissen zur Welt kommt; denn so wird deutlich, dass dieses Kind später die einfachen Menschen nicht verachten, sondern ihre Gemeinschaft suchen wird.

Dass gerade Hirten zum Stall kommen, zeigt, dass Gott zunächst den Einfältigen und nicht den Gelehrten das Wunder der Erlösung offenbart. Die Gelehrten wollen an Wunder ohnehin nicht glauben. Sie kennen die Schriftstelle beim Propheten, die lautet:„Du Bethlehem im Gebiet von Juda, bist keineswegs die unbedeutendste unter den führenden Städten Judas, denn aus dir wird ein Fürst hervorgehen, der Hirt meines Volkes Israel." Die Gelehrten kennen die Prophezeiung, aber sie gehen nicht nach Betlehem. Während sie bemüht sind, diesem Satz den richtigen „Sitz-im-Leben" zuzuordnen, gehen andere dorthin. Männer des Geistes gehen nicht denselben Weg wie die, die sich einem Stern anvertrauen.

Über den Stern, der den Weisen voranging, machte ich mir früher keine Gedanken. Von einer Konjunktion von Jupiter und Saturn im Sternbild der Fische hatte ich keine Ahnung, auch nicht davon, dass der Saturn bei den damaligen Astrologen als Symbol des jüdischen Landes und Jupiter als Symbol des göttlichen Königs galt. Für mich war es selbstverständlich, dass ein Stern die Weisen führte. Bei einem Ereignis wie in Bethlehem konnte auch der Kosmos nicht unbeteiligt bleiben, er musste einen Vertreter abstellen. So verließ einer der Sterne seine ihm seit Ewigkeit vorgeschriebene Bahn, und zwar nicht irgendeiner, sondern ein besonders prächtiger mit einem nicht zu übersehenden Schweif.

Mit zunehmendem Alter ist etwas hinzugekommen, das die kindliche Vorstellung verändert hat: Die Worte und Taten des erwachsen gewordenen Kindes überzeugen mich. Seine gelebte Botschaft der Liebe ist etwas Einzigartiges. Unter diesem Aspekt hätte Lukas das Geschehen der Geburt noch farbiger malen können. Das Ereignis Jesus hätte bei seiner Geburt noch wunderbarere Geschehnisse verdient gehabt. Und selbst wenn Lukas eine Kohorte Römer zum Stall geführt hätte, die dem Kind ihre Schilde und Stichwaffen zu Füßen gelegt hätten, ich könnte es akzeptieren. Denn dieses Kind zwang später durch seine Botschaft auch römische Soldaten in die Knie.

Als Kern der Weihnachtsgeschichte bleibt, was schon beim Propheten Jesaija geschrieben steht: „Das Volk, das im Dunkeln lebt, sieht ein helles Licht; über denen, die im Lande der Finsternis leben, strahlt ein Licht auf." Und hier liegt das eigentliche Problem. Ein Licht dieser Art hat es in unserer Zeit schwer, gesehen zu werden. Denn dieses Licht kommt ja nicht in die Dunkelheit, sondern in die Helligkeit unserer Zeit, in den grellen und kalten Neonschein des rationalen Denkens, in die schummrige Beleuchtung der so genannten Humanwissenschaften und in den verwirrenden Schein der Lichtorgeln des modischen Denkens. Das Licht, das durch das neugeborene Kind in die Welt gekommen ist, wirkt in der modernen Welt so beeindruckend wie das Lied einer Nachtigall auf einer Großbaustelle.

Zurück zum Geschehen von Bethlehem. Was blieb am Morgen nach der Heiligen Nacht? Die Hirten sind zurückgekehrt zu ihren Herden. Lukas berichtet zwar, dass die Hirten von der Krippe schnurstracks in die Stadt gingen, um zu erzählen, was sie erlebt hatten. „Und alle, die es hörten, staunten über die Hirten." Die Leute staunten. Lukas schreibt nicht, dass sie glaubten. Auf dem Weg von der Stadt zu ihren Herden rühmten und priesen sie Gott. Aber was dachten sie, als sie am anderen Morgen erwachten? Die Welt um sie herum war nicht anders als sonst. Derselbe Ärger mit vorwitzigen Schafen und faulen Hütehunden, dieselbe heiße Sonne und dieselben kargen Weiden. Der Alltag hatte sie wieder. Glaubten sie am Morgen noch, was sie in der Nacht gehört und gesehen hatten, oder trauten sie vielleicht ihren eigenen Augen und Ohren nicht mehr? Erzählten und priesen sie auch die Tage danach? Man hört von den Hirten nichts mehr, offensichtlich hat sie der Alltag verstummen lassen.

Was taten die Weisen am Tag nach ihrem Besuch? „Sie zogen auf einem anderen Weg in ihre Heimat zurück", schreibt Matthäus. Sie kehren nach Hause zurück und der Stern über dem Stall verblasst. Auch von ihnen hört man nichts mehr. Das ist einigermaßen erstaunlich. Wer solche Strapazen auf sich genommen hat, um sich von einem Stern zum neugeborenen König führen zu lassen, kann der einfach verstummen und in der Geschichte untertauchen?

Am Morgen nach der Heiligen Nacht bietet der Stall ein erbärmliches Bild. Er ist schäbig und baufällig. Das himmlische Licht hatte ihn stark geschönt und fast gemütlich erscheinen lassen. Doch die Musik der Engel und den Glanz des Lichtes hat der anbrechende Tag verschluckt. Was blieb am Morgen nach der Heiligen Nacht? Ein junger Mann und eine junge Frau und ein Kind, das in der Nacht geboren worden war. Wir erfahren noch, dass der junge Mann seine Familie vor Herodes in Sicherheit bringt und mit ihr nach Ägypten flieht, um nach dem Tod des Königs in die Heimat zurückzukehren. Von der jungen Frau heißt es, dass sie alles, was sie gehört und gesehen hatte, in ihrem Herzen bewahrte. Vielleicht macht sie das einzig Richtige. Denn nur was im Herzen bewahrt wird, hat die Chance zu überleben und zu wirken.

Am Morgen nach der Heiligen Nacht kehrte der Alltag zurück und mit ihm die Fragen. Je weiter das Geschehen jener Nacht sich entfernt, umso mehr wird es zum Gegenstand des forschenden Verstandes. Die Erfahrungen des Herzens werden vom Inquisitor Verstand ausgehorcht. Und der Inquisitor redet dem Menschen ein, dass er sich ein Wunder nicht einfach so bieten lassen könne. Was als Wunder erschien, wird verbalisiert, analysiert, kategorisiert und psychologisiert. Weil der Verstand es nicht zu fassen vermag, hat der Mensch mit einem Mal Angst vor dem Wunder.

Wir heutigen Menschen leben viele Morgen von Bethlehem entfernt. Die Geschichte, die über das Geschehen in Bethlehem erzählt wird, wäre zu wenig und zu phantastisch, wenn es die einzige Nachricht über Jesus wäre. Wenn für viele mittlerweile auch der Stall von Bethlehem eingestürzt sein mag, wenn die Nachkommen der Hirten schweigend ausgestorben sind und die Nachfolger der Weisen nicht mehr weise sind, bleiben die Geschichten, die Lukas und Matthäus erzählen, als Introitusruf der Erlösung.

Auch heute, viele Morgen von Bethlehem entfernt, kann sich das Wort erfüllen, das Lukas dem Engel in den Mund legte: „Heute ist euch in der Stadt Davids der Retter geboren; er ist der Messias, der Herr." Wer Jesus und seinen Weg kennt, lässt sich durch falsche Spuren nicht verwirren, der findet im Wirrwarr der Spuren die Spur zum Geheimnis von Bethlehem, auch heute, viele Morgen von Bethlehem entfernt.